AF313678

LE REPERTOIRE

DE TOUTES LES PIECES

reſtées au Théâtre François, avec la date, le nombre des Repréſentations, & les noms des Auteurs & des Acteurs vivans.

DEDIE'E

A. S. A. S. MONSEIGNEUR

LE DUC DE CHARTRES.

Par M. le Chevalier DE MOUHY.

Le Prix eſt de 1 liv. 10 ſ. broché

A PARIS,

Chez {
La Veuve PISSOT, Quai de Conti.
JORRY, Quai des Auguſtins.
DUCHESNE, rue S. Jacques.
}

M. DCC. LIII.

Avec Approbation & Privilége du Roy.

A SON ALTESSE SERENISSIME

MONSEIGNEUR

LE DUC DE CHARTRES.

ONSEIGNEUR,

VOUS êtes formé d'un Sang qui a toujours protégé les Lettres : vous les favoriserez un jour, & vous ressemblerez

encore par cet endroit aux Héros dont vous sortez. Je sens tout l'avantage qu'il y aura pour moi d'avoir été un des premiers à vous rendre un hommage public. M. le Duc d'Orléans m'a permis avec cette bonté qui lui gagne tous les cœurs, de lui dédier les Tablettes Dramatiques: agréez un Ouvrage qui en est tiré. Il servira à donner à Votre Altesse Sérénissime quelque connoissance de la Scene Françoise, lorsqu'elle commencera à l'honorer de sa présence. Heureux alors, MONSEIGNEUR, si vous voulez bien vous souvenir que ma famille a eu l'honneur d'être attachée de tout tems à votre Auguste Maison, & qu'elle n'a jamais formé de désirs qui n'ayent eu pour objet sa conservation & sa gloire. Je suis avec respect :

MONSEIGNEUR,

De Votre Altesse Sérénissime,

Le très-humble & très-obéissant Serviteur, DE MOUHY.

AVERTISSEMENT.

LE s Comédiens François ont fait imprimer au commencement de l'année derniere un Catalogue de leurs Piéces qui a pour titre: *Calendrier pour l'année 1752. à l'usage des Comédiens François ordinaires du Roi, contenant un Répertoire de plusieurs Piéces de leur Théâtre, & le nom des Personnages de chaque Piéce.*

Ce petit Ouvrage n'a point été fait pour le Public & ne se vend point. Il s'ensuit du titre, que les Piéces que ce Répertoire renferme sont restées au Théâtre, ou que les

Comédiens les considèrent comme pouvant y être remises.

Mon projet en faisant imprimer *les Tablettes Dramatiques* * étoit de donner au Public, dans la même année, un petit Dictionnaire des Piéces restées au Théâtre ; le Livre des Comédiens qui a paru pendant le cours de l'impression de mon ouvrage sembloit faciliter mon dessein, mais après avoir examiné avec beaucoup d'attention le Catalogue dont je viens de parler, je suis tombé dans l'indécision à cause du nombre des Piéces qu'il ren-

* Se vendent chez la Veuve Pissot, Quai de Conti, chez Jorry, Quai des Augustins, chez Duchesne, rue S. Jacques.

ferme, dont quelques-unes ont été rarement reprifes, & d'autres felon les apparences ne le feront jamais.

Tout autre à ma place s'en feroit peut-être rapporté à fes lumières, mais étant dans l'habitude de me défier toujours des miennes, & ne décidant jamais que d'après les Connoiffeurs, je n'ai pas cru devoir corriger l'ouvrage des Comédiens, ni de mon autorité retrancher les Piéces qui fe trouvent dans le cas de celles dont je viens de parler. J'ai donc pris le parti de marquer par des étoiles celles fur lefquelles j'ai formé d'après le Public des doutes que le tems éclaircira.

Mais j'ai penfé qu'il m'étoit

permis de suppléer à des omissions qui ont été sans doute faites par oubli, telles que *Mahomet* de M. de Voltaire, les *Bourgeoises de Qualité* d'Hauteroche &c.

Il seroit inutile que j'entrasse dans un plus grand détail sur ce qui concerne ce petit ouvrage : il est tiré piéces pour piéces, & lignes pour lignes des Tablettes dramatiques, le favorable accueil que le Public a bien voulu faire à ce travail a hâté la publication de celui-ci que la petitesse du format & la modicité du prix mettront à la convenance de tous ceux qui suivent le Théâtre François.

C'est par une suite de la reconnoissance dont je suis pénétré à cause de son indulgence, que

AVERTISSEMENT.

J'annonce ici à tous ceux qui ont entre les mains les *Tablettes Dramatiques*, que toutes les Piéces nouvelles qui ont été repréfentées au Théâtre François depuis que ce Livre a été publié, ou qui le feront d'ici à une nouvelle Edition, feront imprimées dans des cartons fur la fin du mois de Décembre de chaque année , & qu'en envoyant leurs exemplaires chez le Monnier le jeune , Relieur , rue S. Jean de Beauvais , au commencement de Janvier fuivant, elles y feront placées fans qu'on exige un droit pour ces additions.

Ce Supplément confiftera en autant de feuillets qu'il y aura eu de Piéces jouées ou imprimées depuis que l'Ouvrage a paru , & ces nouveaux feuillets dans lesquels elles feront portées à leurs lettres, feront fubftitués fi adroitement aux pages qu'on enlevera, qu'on s'en appercevra à peine, par ce moyen qu'on fe propofe de continuer d'Edition en Edition, les Tablettes Dramatiques conferveront dans tous les tems les avantages de la nouveauté.

ner au Public un Ouvrage qui a pour titre :
le Répertoire de toutes les Piéces restées au
Théâtre François, avec la date & le nombre
des Représentations, & les noms des Auteurs
& des Acteurs vivans, s'il Nous plaisoit lui
accorder nos Lettres de Privilége pour ce nécessaires. A CES CAUSES, voulant favorable-
ment traiter l'exposant, Nous lui avons permis & permettons par ces Présentes, de faire
imprimer ledit Ouvrage en un ou plusieurs Volu-
mes & autant de fois que bon lui semblera, &
de les faire vendre & débiter par tout notre
Royaume pendant le tems de six années consé-
cutives, à compter du jour de la date des Présentes. Faisons défenses à tous Imprimeurs,
Libraires & autres personnes de quelque qualité
& condition qu'elles soient d'en introduire
d'impression étrangere dans aucun lieu de notre
obéissance, comme aussi d'imprimer ou faire
imprimer, vendre, faire vendre, débiter ni
contrefaire ledit Ouvrage, ni d'en faire aucun
extrait sous quelque prétexte que ce soit d'au-
gmentation, correction, changemens ou autres
sans la permission expresse & par écrit dudit
Exposant ou de ceux qui auront droit de lui,
à peine de confiscation des Exemplaires contre-
faits, de trois mille livres d'amende contre
chacun des contrevenans, dont un tiers à Nous,
un tiers a l'Hôtel-Dieu de Paris, & l'autre tiers
audit Exposant ou à celui qui aura droit de lui,
& de tous dépens, dommages & intérêts ; à la

charge que ces Préfentes feront enregiftrées tout
au long fur le Regiftre de la Communauté des
Imprimeurs & Libraires de Paris dans trois mois
de la date d'icelles, que l'impreffion dudit Ouvrage fera faite dans notre Royaume & non ail-
leurs, en bon papier & beaux caracteres, con-
formément à la feuille imprimée attachée pour
modéle fous le contrefcel des Préfentes ; que
l'Impétrant fe conformera en tout aux Réglemens
de la Librairie, & notamment à celui du 10
Avril 1725 ; qu'avant de l'expofer en vente
le Manufcrit qui aura fervi de copie à l'impreffion
dudit Ouvrage, fera remis dans le même état
où l'Approbation y aura été donnée, ès mains de
notre très-cher & féal Chevalier Chancelier de
France le Sieur DE LAMOIGNON, & qu'il en
fera enfuite remis deux exemplaires dans notre
Bibliothéque publique, un dans celle de notre
Château du Louvre, un dans celle de notre
très-cher & féal Chevalier Chancelier de France
le Sieur DE LAMOIGNON, & un dans celle de
notre très-cher & féal Chevalier Garde des
Sceaux de France le Sieur DE MACHAULT,
Commandeur de nos Ordres ; le tout à peine
de nullité des préfentes : Du contenu defquelles
vous mandons & enjoignons de faire jouir ledit Expofant & fes ayans caufe, pleinement &
paifiblement, fans fouffrir qu'il leur foit fait aucun trouble ou empêchement. Voulons que la
Copie des préfentes, qui fera imprimée tout au
long au commencement ou à la fin dudit Ou-

vrage soit tenue pour duement signifiée ; &
qu'aux Copies collationnées par l'un de nos
amez & féaux Conseillers-Secrétaires foi soit
ajoutée comme à l'Original. Commandons au
premier notre Huillier ou Sergent sur ce requis,
de faire pour l'exécution d'icelles tous actes requis & nécessaires , sans demander autre permission, & nonobstant clameur de Haro, Charte
Normande & Lettres à ce contraires. Car tel est
notre plaisir. Donné à Versailles le vingt-uniéme
jour du mois d'Août l'an de grace mil sept cens
cinquante-deux , & de notre Régne le trente-
septiéme. Par le Roi en son Conseil ,

SAINSON.

*Regiftré fur le Regiftre XIII. de la Cham-
bre Royale & Syndicale des Libraires & Imprimeurs de Paris , N. 21. fol. 14. confor-
mément au Réglement de 1723. qui fait
défense Article IV. à toutes personnes de
quelque qualité qu'elles soient , autres que
les Libraires ou Imprimeurs, de vendre, débiter & faire afficher aucuns Livres pour les
vendre en leurs noms , soit qu'ils s'en disent les
Auteurs , ou autrement, & à la charge de
fournir à la susdite Chambre neuf Exemplaires ,
prescrits par l'Article CXXXVIII. du même
Réglement. A Paris le 29 Août 1752.*

J. HERISSANT, Adjoint.

De l'Imprimerie de JORRY.

LE
REPERTOIRE
DE TOUTES LES PIECES

Reſtées au Théâtre François.

ABENSAID, *Tragédie de M. l'Abbé le Blanc,* Jouée en 735. eut 12 re-préſentations, & a été imprimée en 1 36. *in-*8°. Coup d'eſſai de l'Auteur, qui eut beaucoup de ſuccès elle fut repriſe dans la même année, & eut encore pluſieurs repréſentations.

ABSALON, *Tragédie de M. Duché.* Jouée le 7 Avril 1712 eut 16 repréſen-tations, & a été imprimée *in-*4°. en 1702. Bien faite, intéreſſante. Le Rôle de *Tharès* eſt neuf : elle ut d'abord re-préſentée à S. Cyr & valut à l'Auteur une penſion de 1000 liv.

*AGAMEMNON, *Tragédie de l'Ab-*

A

bé *Boyer*. Jouée le 12 Mars 1680. eut 19 Repréſentations, & a été imprimée *in-12.* en 1680. Paſſable, & le ſujet bien expoſé. D'Aſſezan ſe l'attribua. *Beauchamps* dit que Boyer s'en étoit nommé l'Auteur à la premiere Repréſentation : & qu'elle fut ſifflée le lendemain, ce qui eſt faux.

AGRIPPA Roy d'Albe ou le faux Tiberinus, *Tragédie de Quinault.* Jouée en 1661. & a été imprimée *in-12.* dans la même année. Elle a bien des défauts ; mais le quatriéme Acte en eſt admirable & l'a fait réuſſir.

ALCIBIADE, *Tragédie de Campiſtron.* Jouée le 28 Décembre 1685. eut 29 Repréſentations, & a été imprimée *in-12.* en 1686. C'eſt une copie trop reſſemblante de THEMISTOCLE, *de Ryer* : elle eſt intéreſſante, mais moins qu'ANDRONIC. L'Auteur aſſure dans ſon diſcours préliminaire que cette Piéce fut auſſi ſuivie à la 40e Repréſentation qu'à la premiere.

ALCIBIADE, *Comédie de Poiſſon,*

en 3 *Actes en Vers.* Jouée le 23 Février 1731. eut 11 Repréſentations , & a été imprimée *in-8°.* en 1731. Tirée de Madame de *Villedieu* , aſſez bonne. Fut jouée à la Cour le premier Mars de la même année.

ALEXANDRE ʟᴇ Gʀᴀɴᴅ , *Tragédie de Racine.* Jouée le 12 Décembre 1665. & a été imprimée *in-12.* en 1666. fut jouée ſur les Théâtres du Palais Royal & de l'Hôtel de Bourgogne en même ʀems : tomba ſur le premier , réuſſit ſur le ſecond. Le rôle de Pᴏʀᴜs donna de grandes eſpérances ; il affoiblit celui d'Aʟᴇxᴀɴᴅʀᴇ.

ALZIRE , *Tragédie de M. de Voltaire.* Jouée le 27 Janvier 1736. eut 20 Repréſentations , & a été imprimée *in-8°.* en 1736. Piéce toute d'invention , le caractére d'*Alzire* eſt admirable. Le Mercure de Mars 1736. pag. 539. dit que la recette des 20 Repréſentations de cette Piéce monta à 53640 livres : elle fut interrompuë à la clôture , & repriſe ſouvent dans la même année.   A ij

AMANS DEGUISE'S , (LES) *Comédie en 3 Actes en Prose, de M. Doué P. N.* Jouée le 7 Février 1728. eut 4 Repréſentations, & a été imprimée *in* 8°. en 1728. Cette Piéce a été repriſe le 5 Juillet 1738.

AMANS MAGNIFIQUES , (LES) *Comédie Her. en 5 Actes en Prose , de Moliere.* Jouée le 15 Octobre 1688. eut 9 Repréſentations , & a été imprimée *in*-12. en 1682. N'a jamais eu un grand ſuccès : elle fut repréſentée d'abord devant le Roi le 7 Septembre 1670. à Saint Germain en Laye ſous le titre de Divertiſſement Royal , Sa Majeſté en avoit donné le ſujet à *Moliere.* A la reprise de 1704. *Dancourt* y ajouta un Prologue de ſa compoſition.

AMASIS, *Tragédie de M. de la Grange-Chancel.* Jouée le 13 Décembre 1701. eut 11 Repréſentations, & a été imprimée *in*-12. en 1734. Intéreſſante : elle auroit eu un plus grand nombre de Repréſentations ſans le froid exceſſif qui ſurvint aux dernieres. Repriſe avec ſuccès le 29 Janvier 1731 , & eut 16 Repréſentations.

AMAZONES , (LES) *Tragédie de Madame du Boccage* Jouée le 24 Juillet 1749. eut 11 Repréſentations, & a été imprimée *in-8o.* en 1749. Madame *du Boccage* a ſoutenu , dans cette Piéce , la réputation qu'elle s'étoit acquiſe dans ſon Poëme imité de *Milton*.

*AMBITIEUX ET L'INDISCRETE(L') *Comédie en 5 Actes en Vers* , *de M. Nericault Deſtouches.* Jouée le 14 Juin 1737. eut 13 Repréſentations , & a été imprimée *in* 12. en 1737 Elle étoit faite 6 ans avant la premiere Repréſentation , & avoit été retardée ſous prétexte de prétendues alluſions. Elle fut donnée ſans être annoncée , eut beaucoup de ſuccès.

AMESTRIS , *Tragédie de M. Mauger.* Jouée le 3 Juillet 1747 eut 9 Repréſentations , & a été imprimée *in-12.* en 1748. Coup d'eſſai de l'Auteur qui a donné bien de l'eſpérance.

AMITIE' RIVALE DE L'AMOUR(L')

Comédie de M. Fagand. Jouée le 16 Novembre 1735. eut 10 Repréſentations, & a été imprimée *in·8o.* en 1736. La premiere Repréſentation fut ſi tumultueuſe, qu'on ne put entendre la Piéce : à la ſeconde Repréſentation, elle reprit & fut applaudie.

AMOUR DIABLE, (L') *Comédie en un Acte avec Divertiſſement, de Le Grand.* Jouée le 30 Juin 1708. eut 12 Repréſentations, & a été imprimée *in·12.* en 1731. Très-comique & divertiſſante. Un Amant qui fit l'Eſprit dans cette année-là, eſt la matiere du Vaudeville qui donna lieu à cette Piéce.

AMOUR MEDECIN , (L') *Comédie - Ballet en 3 Actes en Proſe, de Moliere.* Jouée le 22 Septembre 1665. & a été imprimée *in-12.* en 1666. Fut faite & appriſe en 5 jours. C'eſt la premiere dans laquelle *Moliere* ait joué les Médecins. Le Prologue eſt en Muſique ; c'eſt une des premieres compoſitions de *Lully.*

AMOUR POUR AMOUR, *Comédie en Vers , en 3 Actes & Prologue , avec un Divertissement , de M Nivelle de La-chaussée* Jouée le 16 Février 1742. eut 13 Représentations , & a été imprimée *in-*12. en 1742. Eut du succès. L'Auteur la dédia à Mademoiselle *Gaussin* , sous le nom de *Zémire* , qui est son principal personnage.

AMOUR PRECEPTEUR , (L') *Co-médie en 3 Actes en Prose de M. Du-vaure.* Jouée le 13 Août 1749. eut 11 Représentations , & a été imprimée *in-*12. en 1749. Elle est dédiée à Milord *Albemarle* , Ambassadeur de S. M. B. en France. *Voyez* FAUX SÇAVANT.

AMOUR VANGE' , (L') *Comédie en un Acte en Vers, de La Fond.* Jouée le 14 Octobre 1712. eut 17 Représenta-tions , & a été imprimée *in-*12. en 1712. Jolie , a pû donner des idées pour des Piéces qui l'ont suivie. Reprise le 7 Février 1722. avec succès.

AMPHITRION , *Comédie en 3 Actes*

en *Vers & Prologue* , *de Moliere.*
Jouée le 13 Janvier 1668. & a été imprimée *in*-12. en 1674. Tirée de *Plaute,*
mais bien mieux traitée. Ecrite en Vers
libres ; c'eſt un modéle dans ce genre de
verſification ; elle eut un ſuccès prodigieux.

ANDRIENNE , (L') *Comédie en 5
Actes en Vers , de Baron.* Jouée le 16
Novembre 1703. & a été imprimée *in*-12
en 1704. Intéreſſante , très-bien faite,
ſeroit un chef-d'œuvre ſi le ſtyle répondoit. Mademoiſelle *Dancourt* y jouoit
avec une robe qui plût tant , que la
mode en a fait paſſer le nom juſqu'à
nous. Cette Piéce fut attribuée au Pere
La Rue.

ANDROMAQUE , *Tragédie de
Racine.* Jouée le 10 Novembre 1667. &
a été imprimée *in*-12. en 1668. Eut le
plus grand ſuccès , & le mieux mérité.
C'eſt la premiere Piéce du genre que
l'Auteur a traité depuis : elle commença à lui donner cette grande réputa-

tion qu'il a fi bien foutenue dans la fuite.

ANDRONIC , *Tragédie de Cam-piſtron*. Jouée le 8 Février 1685. eut 25 repréſentations , & a été imprimée *in*-12. en 1715. Foible de verſification ; mais l'intérêt en eſt fi touchant , qu'elle a toujours été repriſe avec ſuccès. Elle eſt tirée de l'Hiſtoire de *Don Carlos* , fils de Philippe II. Roi d'Eſpagne.

*ANNE DE BRETAGNE, REINE DE FRANCE , *Tragédie de Ferrier*. Jouée en 1678. & a été imprimée *in*-12. en 1679. Médiocre : eut un foible ſuccès.

APHOS, *Comédie en un Acte en Vers de M. de Baragué*. Jouée le 13 Septembre 1747. eut 7 repréſentations , & a été imprimée *in*-12. en 1748. Agréablement & légérement verſifiée . & finguliere pour la Fable. C'eſt une allégorie fpirituelle : elle a été repriſe pluſieurs fois dans la même année.

APRE'S-SOUPER DES AUBERGES, l' *Comédie en un Acte en Vers , de R.*

Poisson. Jouée en 1665. & a été imprimée *in*-12. en 1665. Sans intrigue ; mais plaisante. Reprise de tems en tems.

ARIANE , *Tragédie de T. Corneille*. Jouée le 4 Mars 1672. & a été imprimée *in*-12. en 1672. Piéce intéressante. Le rôle d'*Ariane* admirable , mais un peu aux dépens des autres. Restée au Théâtre. Elle fut faite en quarante jours.

ARIE & PETUS , *Tragédie de Mademoiselle Barbier*. Jouée le 3 Juin 1702. eut 16 représentations , & a été imprimée *in*-12. en 1703. Coup d'essai qui eut du succès. On ajouta dans sa nouveauté une petite Piéce, ce qui n'étoit pas alors d'usage.

ARISTOMENE , *Tragédie de M. Marmontel*. Jouée le 30 Avril 1749. eut 17 représentations , & a été imprimée *in*-8º. en 1750. Eut beaucoup de succès. Elle fut interrompue après la sixiéme représentation , par l'indisposition de Re-

fely ; reprife le 11 Décembre , eut encore 11 repréfentations.

ARMINIUS , *Tragédie de Campiftron.* Jouée le 19 Février 1684. eut 14 repréfentations , & a été imprimée *in*-12. en 1721. La plus forte, & une des mieux faites de l'Auteur. Péche par l'intérêt , & par les caractéres qui ne font pas affez foutenus ; elle a fourni le fujet d'un Opéra Italien qui a été joué trois mois dans le Palais du *Pratolin* devant le Duc de Tofcane.

ASTRATE, Roy de Tyr , *Tragédie de Quinault.* Jouée en 1663. & a été imprimée *in*-12. en 1663. Fut jouée pendant trois mois de fuite au double : elle n'a pas réuffi à la derniere reprife.

ATHALIE , *Tragédie de Racine.* Jouée le 12 Mars 1716. & a été imprimée *in*-4°. en 1691. Admirable. Quoique faite pour *S. Cyr*, elle n'y fut point repréfentée : mais elle fut jouée deux fois dans l'Appartement de Madame *de*

Maintenon à Versailles, par les Demoiselles de *S. Cyr*, dans leurs habits ordinaires.

ATHENAIS, *Tragédie de M. de La-Grange-Chancel.* Jouée le 20 Novembre 1699. eut 11 représentations, & a été imprimée *in-12.* en 1700. Cette Piéce est tirée du Roman intitulé PHARAMOND, par *la Calprenede* : elle a été reprise en Juillet 1736. avec succès.

ATRE'E & Thieste, *Tragédie de M. Joliot de Crebillon.* Jouée le 14 Mars 1707. eut 18 représentations, & a été imprimée *in-12.* en 1707. Piéce d'un grand tragique fortement écrite, a toujours été reprise avec succès.

ATTENDEZ-MOI SOUS L'ORME, *Comédie en un Acte en Profe & Divertissement, de Regnard.* Jouée le 19 Mai 1694. eut 11 représentations, & a été imprimée *in-12.* en 1715. Le sujet simple & l'intrigue plaisante.

AVARE , (L') *Comédie en* 5 *Actes
en Profe de Moliere.* Jouée le 9 Septembre 1668. & a été imprimée *in*-
12. en 1675. Tirée de *Plaute* : tomba à
la premiere repréfentation. On peut attribuer cette chute finguliere à la Profe
dont on n'avoit pas l'habitude dans les
Piéces de Théâtre : elle fe releva au bout
de fept mois avec le plus grand fuccès.

AVEUGLE CLAIRVOYANT , (L')
*Comédie en un Acte en Vers de Le
Grand.* Jouée le 18 Septembre 1716. eut
16 repréfentations , & a été imprimée
in-12. en 1716. Jolie : *Beaubourg* y joua
fupérieurement le rôle de l'*Aveugle*

AVOCAT PATELIN , (L') *Comédie
en* 3 *Actes de l'Abbé Brueys.* Jouée
le 4 Juin 1706. eut 7 repréfentations , &
n'a point été imprimée. Tirée de l'ancienne farce (faite du tems de Louis X.I.)
ne réuffit pas d'abord ; mais elle s'eft
relevée depuis avec beaucoup de fuccès.

BABILLARD, (LE) *Comédie en un Acte en Vers de M. de Boiſſy.* Jouée le 16 Juin 1725. eut 16 repréſentations, & a été imprimée *in-*12. en 1725. Elle avoit d'abord été faite en cinq Actes, eut beaucoup de ſuccès, eſt ſouvent repriſe.

BAJAZET, *Tragédie de Racine.* Jouée le 5 Janvier 1672. & a été imprimée *in-*12. en 1672. Piéce excellente & digne de ſon Auteur ; on lui reprocha de n'avoir pas ſuivi les mœurs orientales. Il engagea aux répétitions de cette Tragédie les deux principales Actrices à changer de rôle.

*BAL, (LE) OU LE BOURGEOIS DE FALAISE, *Comédie en un Acte en Vers & Divertiſſement , de Regnard.* Jouée le 14 Juin 1696. eut 12 repréſentations, & a été imprimée *in-*12. en 1696 Jugée un peu trop ſévérement par les Auteurs de l'Hiſtoire du Théâtre François.

BAL D'AUTEUIL , (LE) *Comédie en un Acte en Proſe & Divertiſſement, de Boindin.* Jouée le 22 Août 1702. eut 10 repréſentations, & a été imprimée 8°. en 1746. Il vint ordre d'en ſuſpendre les repréſentations après la dixiéme, & c'eſt depuis ce tems que toutes les Piéces de Théâtre ont été ſoumiſes à un Cenſeur.

BALET EXTRAVAGANT, (LE) *Comédie en un Acte en Proſe, de Palaprat.* Jouée le 21 Juin 1690. eut 9 repréſentations, & a été imprimée *in* 12. en 1694. Farce plaiſante : on appelloit cette Piéce à la Cour, LES SABINES.

BARON D'ALBIKRAC, (LE *Comédie en 5 Actes en Vers, de Th. Corneille.* Jouée en Décembre 1668. & a été imprimée *in* 12 dans la même année. Bien imaginée, plaiſante, habilement conduite ; le cinquiéme Acte plus foible que les autres ; elle eut un grand ſuccès, en a toujours eu aux repriſes.

BARON DE LA CRASSE, (LE) *Comédie en un Acte en Vers, de R.*

Poiſſon. Jouée en 1662. & a été imprimée *in*-12. dans la même année. Vaudeville fait ſur une avanture du tems. Cette Piéce eſt fort plaiſante. Elle réuſſit beaucoup. Elle renferme la petite Comédie du ZIG-ZAG en vers de quatre pieds.

BASILE ET QUITTERIE, *Tragi-Comédie en* 3 *Actes en Vers, le Prologue en Proſe, de M. Gaultier.* Jouée le 13 Janvier 1723. eut 9 repréſentations, & a été imprimée *in*-8º. dans la même an-née. Tomba le premier jour, ſe releva enſuite, & a été repriſe depuis.

BERENICE ; *Tragédie de Racine.* Jouée en 1671. & a été imprimée *in*-12. dans la même année. Cette Piéce, quoique peut-être un peu trop ſimple, a toujours fait grand plaiſir, & ſurtout lorſqu'elle a été jouée par la célébre Mlle *le Couvreur.*

BOURGEOIS GENTILHOMME, (LE) *Comédie-Ballet en* 5 *Actes en Proſe, de Moliere.* Jouée le 29 Novembre 1670. & a été imprimée *in*-12. en 1682. Ne réuſſit réuffit pas d'abord , eut enfuite le plus grand fuccès. Fut jouée pour la premiere fois à Chambord au mois d'Octobre. La Mufique des Ballets étoit de *Lully* , & il joua lui-même le MUPHTI devant le Roi.

BOURGEOISES A LA MODE, (LES) *Comédie en 5 Actes en Profe , de Dancourt.* Jouée le 15 Novembre 1692. eut 26 repréfentations , & a été imprimée *in*-12. en 1693. Vive, comique, très-bien conftruite , remife avec fuccès en Octobre 1734.

BOURGEOISES DE QUALITE', (LES) *Comédie en cinq Actes en Vers , de Hauteroche.* Jouée le 26 Juillet 1690, eut 7 repréfentations , & a été imprimée *in*-12. en 1692. C'eft la derniere Piéce de l'Auteur : elle eft médiocre & copiée des PRECIEUSES RIDICULES de *Moliere.*

BOURGEOISES DE QUALITE', (LES) OU LA FETE DE VILLAGE , *Comédie en* 3

Actes en Prose avec un Divertissement, *de Dancourt.* Jouée le 13 Juillet 1700. eut 18 représentations, & a été imprimée *in-*12. en 1700. Le ridicule est bien peint & elle est fort divertissante. Cette Piéce fut d'abord donnée sous le titre de LA FESTE DE VILLAGE ; mais à sa reprise au mois de Mars 1724. elle fut affichée sous celui de BOURGEOISES DE QUALITÉ, & depuis ce tems elle l'a toujours conservé.

BRITANNICUS, *Tragédie de Racine.* Jouée le 13 Décembre 1669. eut 8 représentations, & a été imprimée *in-*12. en 1670. C'est un des chef-d'œuvres du Théâtre ; il n'eut pas le succès qu'il méritoit & qu'il a eu depuis. Une partie du cinquiéme Acte a été refaite.

*BRUTUS, *Tragédie de Mlle Bernard.* Jouée le 18 Décembre 1690. eut 25 représentations, & a été imprimée *in-*12. en 1691. Le sujet intéressant, mais foiblement rendu. Elle fut cependant long-tems suivie.

BRUTUS , *Tragédie de M. de Voltaire.* Jouée le 11 Décembre 1730. eut
15 repréfentations , & a été imprimée
in-8°. en 1731. Une des meilleures Piéces de l'Auteur. Elle réuffit à la Ville &
à la Cour , où elle fut repréfentée le 30
du même mois de Décembre avec applau-
diffement.

*CALISTENE,*Tragédie de M. Piron.*
Jouée le 18 Février 1730. eut 9 repréfentations , & a été imprimée *in* 8°. en
1730. Piéce finguliére qui donna beaucoup d'efpérance des talens de l'Auteur.

*CALISTE,*ou LA BELLE PENITENTE,
*Tragédie, par un Auteur Anonyme.*Jouée
le 27 Mai 1750. eut 5 repréfentations ,
& a été imprimée *in-12.* en 1750. Cette
Piéce eft tirée du Théâtre Anglois.

CAMMA , *Tragédie de T. Corneille.*
Jouée le 28 Janvier 1661. eut du fuccès ,
& a été imprimée en 1661. *in-12* Bien
faite, le nœud ingénieux , & le dénouement l'un des plus heureux du Théâtre.

Elle n'est plus cependant sur le répertoire, & les Connoisseurs en sont surpris.

* CAPRICIEUX, (LE) *ou* LES APPA-RENCES TROMPEUSES, *Comédie en 5 Actes en Vers, de J. Rousseau.* Jouée le 17 Décembre 1700. eut 9 représentations, & a été imprimée en 1701. *in-12.* Le principal caractere est manqué.

CAPTIFS, (LES) *Comédie en 3 Actes en Vers libres, de M. Roy, avec des Divertissemens, dont la Musique est de M. Quinault l'aîné.* Jouée le 4 Mars 1714. eut 17 représentations, & n'a pas encore été imprimée, elle eut un grand succès. Elle est remplie de traits fins & délicats.

CARACTERES DE THALIE, (LES) *Comédie en 3 Actes, de M. Fagand.* Représentée le 15 Juillet 1737, eut 18 représentations , & a été imprimée dans la même année *in-8°.* Elle eut beaucoup de succès : elle est composée d'un Prologue, de trois Comédies avec un Divertissement à la fin. Ces trois Piéces sont

l'Inquiet, en un Acte en Vers; l'E-
tourderie, en un Acte en Profe; &
l s Originaux, en un Acte en Profe.
Elles ont été reprifes féparément.

CAROSSES D'ORLEANS , (les)
*Comédie en un Acte en Profe, de la Cha-
pelle.* Jouée le 2 Août 1680. eut 12 repréfentations , & a été imprimée en 1681.
in-12. Coup d'effai de l'Auteur , qui
repréfente un tableau affez naturel d'un
tapage arrivé la nuit dans une Hôtellerie.
La derniere reprife de cette Piéce a été
le 31 Janvier 1751.

CATILINA , *Tragédie de M. Joliot
de Crébillon.* Repréfentée le 20 Décembre 1748. eut 20 repréfentations , & a
été imprimée en 1749. *in-12.* Cette Piéce
étoit connue fort long-tems avant d'être
jouée : elle le fut avec beaucoup de fuccès. Son célébre Auteur avoit eu d'abord
le projet de la faire en fix Actes.

CATON D'UTIQUE , *Tragédie de
Defchamps,* Jouée le 25 Janvier 1715.

eut 12 repréſentations, & a été imprimée *in-12.* dans la même année. Les ſenti-mens ſont partagés ſur le mérite de cette Piéce, que bien des gens trouvent au-deſſus de celle d'ADISSON.

CENIE, *Comédie en 5 Actes en Proſe, de Madame de Graſſigny.* Repréſentée le 21 Juin 1750. eut 14 repréſentations, & a été imprimée *in-12.* dans la même année. Digne de l'Auteur des *Lettres Péruviennes.* Elle a été repriſe le 18 No-vembre ſuivant avec un auſſi grand ſuc-cès. Elle eut encore 11 repréſentations.

CESAR, (LA MORT DE) *Tragédie de M. de Voltaire.* Repréſentée le 29 Août 1741. eut 7 repréſentations, & a été im-primée en 1743. *in-12.* Cette Piéce eſt ſans perſonnages de femmes. Les Vers en ſont forts, & les caractéres bien ſou-tenus.

CHARIVARY, (LE) *Comédie en un Acte en Proſe, de Dancourt, avec un*

Divertiſſement de M. Gilliers. Jouée le 19 Septembre 1697. eut 20 repréſentations, & a été imprimée *in*-12. dans la même année. Divertiſſante, mais foiblement intriguée ; quoiqu'elle ne ſe trouve point ſur le Répertoire des Comédiens, on l'indique ici dans la confiance qu'elle pourroit être repriſe & qu'elle feroit plaiſir au Public.

CHEVALIER A LA MODE , (LE) *Comédie en* 5 *Actes en Proſe , de Dancourt.* Repréſentée le 28 Octobre 1687. eut 40 repréſentations , & a été imprimée *in*-12. dans la même année. *St Yon* y a auſſi eu part. L'intrigue eſt bien ſoutenue, les caracteres d'après nature, & le dénouement heureux. A la vingt-troiſiéme repréſentation , *Dancourt* déclara aux Comédiens ſes Camarades, qu'il ne vouloit plus de part d'Auteur.

CHILDERIC , *Tragédie de M. de Morand.* Repréſentée le 19 Décembre 1736. eut 7 repréſentations , & a été imprimée en 1737. *in*-8°. Elle fut interrompue après la sixiéme repréfentation . par l'indifpofition de *Dufrefne* : fut enfuite jouée à la Cour avec grand fuccès, ce qui valut à l'Auteur l'honneur de la dédier à la Reine.

CID , (LE) *Tragédie de P. Corneille.* Jouée en 1636. avec le plus grand fuccès, & a été imprimée *in*-4°. l'année fuivante. Cette Piéce ouvrit la nouvelle carriere qui a donné depuis tant d'éclat au Théâtre François : elle eft reftée au Théâtre, & malgré fon ancienneté , on la voit toujours avec la même admiration. Elle fe trouve dans les Œuvres de *Rouffeau*, fous le titre du CID RESTITUÉ. Le rôle de l'*Infante* eft retranché , & on y a fubftitué quatre Vers de liaifon.

CINNA , *ou* LA CLEMENCE D'AUGUSTE, *Tragédie de P. Corneille.* Jouée en 1639 avec le plus grand fuccès, & a été imprimée en 1643. *in*-4°. Admirable, c'eft un chef-d'œuvre de l'Art,

On a retranché depuis quelque tems le rôle de l'Impératrice *Livie*. M. de *Montoron*, Préfident au Parlement de Touloufe donna mille piftoles à l'Auteur qui lui avoit dédié fa Piéce.

CLEOPATRE, *Tragédie de la Chapelle*. Repréfentée le 22 Décembre 1681. eut 21 repréfentations, & a été imprimée *in*-12. en 1682. Elle eut un grand fuccès, quoique foiblement écrite.

CLEOPATRE, (ANTOINE ET) *Tragédie de Boiftel*. Repréfentée le 6 Novembre 1741. eut *6* repréfentations, & a été imprimée en 1743. *in*-8°. L'Auteur trouva à propos de retirer fa Piéce après la fixiéme repréfentation.

CLEOPATRE, *Tragédie de M. Marmontel*. Jouée le 20 Mai 1750. eut 11 repréfentations, & a été imprimée *in*-12. dans la même année. C'eft la troifiéme Piéce de l'Auteur. CLEOPATRE s'y tue avec un Afpic automate de l'invention du célébre *Vaucançon*.

COCAGNE, (LE ROY DE) *Comédie en 3 Actes en Vers, avec un Prologue & des Divertissemens, de Le Grand.* Représentée le 31 Décembre 1718. eut 18 représentations, & a été imprimée *in-12.* l'année suivante. Très-comique, & fort divertissante, mais dans le bas. Il y a beaucoup de spectacle, ce qui est cause qu'on la joue rarement.

COCHER SUPPOSE', (LE) *Comédie en un Acte en Prose avec un Divertissement, de Hauteroche.* Jouée le 9 Avril 1684. eut 12 représentations, & a été imprimée en 1685 *in-12.* Plaisante. Elle est tirée de l'Espagnol. On la joue assez souvent.

COCU IMAGINAIRE, (LE) *Comédie en un Acte en Vers, de Moliere.* Représentée le 28 Mai 1660. eut 40 représentations, & a été imprimée en 1665. *in-12.* Bien écrite ; eut un succès prodigieux quoiqu'en Eté. Elle est imprimée en 3 Actes dans l'édition de 1674. *in-4°.*

COLIN-MAILLARD, *Comédie en un Acte en Profe avec un Divertiffement*, *de Dancourt*. Jouée le 28 Octobre 1701. eut 23 repréfentations, & a été imprimée *in-*12. dans la même année. Vivement dialoguée. Elle penfa tomber à la premiere repréfentation. Un Vaudeville adreffé au Parterre la releva.

COMEDIE SANS TITRE, (LA) *ou* LE MERCURE GALANT, *Comédie en 3 Actes en Vers*, *de Bourfault*. Repréfentée le 5 Mars 1683. eut 18 repréfentations, & a été imprimée *in-*12. dans la même année. Plaifante, & d'un affez bon comique. Elle fut annoncée fous le fecond titre : & comme de *R. Poiffon*, *Vifé*, qui étoit alors Auteur du Mercure s'en plaignit, on la joua fous le premier. Il eft dit dans les recherches fur les Théâtres que cette Piéce fut repréfentée pour la premiere fois en 1679. & qu'elle eut 80 repréfentations. Si le fait étoit prouvé l'année qu'on indique ici n'en marqueroit que la reprife.

COMPLAISANT , (LE) *Comédie en*
5 Actes en Prose par un Auteur Anonyme.
Jouée le 29 Décembre 1732. eut 14 repréfentations , & a été imprimée *in-8o.*
l'année fuivante. Spirituelle ; on ne peut
mieux écrite. Le caractere bien démêlé.
Elle fut interrompue au plus fort de fon
fuccès , par l'indifpofition de *Poiſſon.*
Elle fut jouée le 13 Janvier 1733. à la
Cour , où elle fit infiniment de plaifir.
Elle fut reprife le 2 Mars 1734 à Paris avec
autant de fuccès que dans fa nouveauté.
Quinault qui étoit abfent depuis long-
tems , y joua le rôle principal , & y fut
très-applaudi.

CONCERT RIDICULE, (LE) *Comé-*
die en un Acte en Prose , de Palaprat.
Jouée le 14 Septembre 1689 eut 21 repréfentations , & a été imprimée *in 12.*
dans la même année. Bagatelle plaifante
& vivement écrite.

CONSENTEMENT FORCE' , (LE)
Comédie en un Acte en Prose , de M.

Guyot de Merville. Jouée le 13 Août 1738. eut 14 représentations , & a été imprimée *in*-12. dans la même année. Cette Piéce est tirée de la PAYSANNE PARVENUE de M. le Chevalier de Mouhy. L'Auteur s'en est défendu dans une Lettre publiée dans les observations sur les Ecrits modernes de feu M. l'Abbé *Desfontaines.* Cette Piéce est fort bien faite , & elle eut beaucoup de succès.

COQUETTE , (LA) *ou* LA FAUSSE PRUDE , *Comédie en* 5 *Actes en Prose, de Baron.* Jouée le 18 Décembre 1686. eut 25 représentations , & a été imprimée *in*-12. l'année suivante. D'un bon comique , mais le cinquiéme Acte bien foible.

COSROES , *Tragédie, de Jean Rotrou.* Représentée en 1648. & a été imprimée *in*-4°. l'année suivante. Elle eut quelque succès, quoique peu intéressante.

COSROES ROY DE PERSE , *Tragédie de Dussé de Valentiné.* Jouée le 29 Novembre 1705. & a été imprimée *in*-12.

dans la même année. La même que la précédente, mais corrigée par *Duffé* & rendue bien meilleure.

COUPE ENCHANTE'E, *Comédie en un Acte en Profe*, *de La Fontaine*. Jouée le 16 Juillet 1688. eut 23 repréfentations, & a été imprimée *in-12.* en 1710. Tirée de deux Contes de *Bocace*, qui font *la Coupe Enchantée*, & *les Oyes du Frere Philippe*. Cette Piéce eft imprimée dans les Œuvres de *Champmeflé*, quoique cet Auteur n'en foit que le prête-nom.

COUPS DE L'AMOUR ET DE LA FORTUNE, (LES) *Tragi-Comédie de Quinault*. Repréfentée en 1656. & a été imprimée en 1660. *in-12.* Un peu trop Romanefque, mais beaucoup meilleure que celle de l'Abbé de *Boifrobert* du même titre, qui étoit en concurence alors avec celle-ci. *Scaron* dit dans l'édition de fes Œuvres en 1656. *in-8°.* que c'eft à tort qu'on attribue cette Piéce à *Qui-nault*, que le fujet en a été donné par

Mademoiselle *du Château*, que les quatre premiers Actes ont été mis en Vers par *Tristan*, & que lui *Scaron* a fait le dernier, à la priere des Comédiens, parce que *Tristan* se mouroit.

COURSES DE TEMPE', (LES) *Pastorale en un Acte en Vers, de M. Piron, avec un Divertissement de M. Rameau, dont les talens ont tant fait de bruit depuis.* Jouée le 30 Août 1734. eut 10 représentations, & a été imprimée en 1741. *in*-12. Elle fut représentée avec L'AMANT MYSTERIEUX, que l'Auteur retira après la premiere représentation. Il ne laissa que les COURSES DE TEMPE', qui avoit été applaudie.

COUSINES, (LES TROIS) *Comédie en 3 Actes en Prose, avec 3 Divertissemens, de Dancourt.* Jouée le 17 Octobre 1700. eut 19 représentations, & a été imprimée *in*-12. en 1725. Souvent remise, toujours revue avec le même plaisir. La reprise la plus brillante a été celle de 1724, pendant l'abfence ; elle eut 28 repréfentations.

CRISPIN BEL ESPRIT, *Comédie en un Acte en Vers, de la Thuillerie.* Jouée le 11 Juillet 1681. & a été imprimée *in*-12. l'année fuivante. Elle fut attribuée à l'Abbé *Abeille.* Elle eft affez plaifante.

CRISPIN MEDECIN, *Comédie en 3 Actes en Profe, de Hauteroche.* Repré-fentée en 1674. & a été imprimée *in*-12. en 1680. Elle a toujours réuffi. Le fujet en eft fort comique.

CRISPIN MUSICIEN, *Comédie en 5 Actes en Vers, de Hauteroche.* Repré-fentée en Juillet 1674. eut 40 repréfen-tations, & a été imprimée *in*-12. dans la même année. Bien faite & plaifante.

CRISPIN PRECEPTEUR, *Comédie en un Acte en Vers, de la Thuillerie.* Repréfentée en 1679. & a été imprimée *in*-12. dans la même année. Médiocre, d'un bas comique, eut cependant quel-que fuccès.

CRISPIN

CRISPIN RIVAL DE SON MAITRE, *Comédie en un Acte en Prose, de le Sage.* Jouée le 15 Mars 1707. eut 8 repréfen-tations, & a été imprimée en 1707. *in-12.* Jolie, & fort comique.

CURIEUX DE COMPIEGNE, (LE) *Comédie en un Acte en Prose, de Dan-court, avec un Divertiſſement.* Donnée le 4 Octobre 1698. eut 19 repréfentatious, & a été imprimée en 1698. *in-12.* Plai-ſante, c'eſt un Vaudeville du tems, & la même que *le Camp de Compiegne.*

CURIEUX IMPERTINENT, (LE) *Co-médie en 5 Actes en Vers, de M. Deſtou-ches.* Jouée le 17 Décembre 1710. eut 13 repréfentations, & a été imprimée *in-*12. l'année fuivante. Tirée de *Don Qui-chotte,* & de la Comédie du même titre par *de Broſſe.* C'eſt la premiere Piéce de l'Auteur : elle donna beaucoup d'eſpé-rance de fes talens pour le Théâtre, qu'il a ſi bien juſtifié depuis.

DANAE', *ou* JUPITER CRISPIN, *Co-*

C

médie en un Acte en Vers libres avec un Prologue, de La Font. Jouée le 4 Juillet 1707. eut 8 repréſentations, & a été imprimée in-12. dans la même année. Plaiſante : elle n'a pas été repriſe depuis long-tems.

★ DEBORA, *Tragédie de Duché.* Repréſentée en 1734. avec ſuccès, & a été imprimée in-12. l'année ſuivante. Elle eſt imprimée dans le quatriéme Tome du Théâtre François. *Beauchamps* dit qu'elle a été repréſentée à S. Cyr, & *Maupoint* l'indique avant JONATHAS & ABSALON, Piéces du même Auteur.

DEDIT, (LE) *Comédie en un Acte en Vers, de Dufreny.* Jouée le 12 Mai 1719. eut 8 repréſentations, & a été imprimée in-12. dans la même année. Plaiſante, & ayant le caractere original qu'on trouve dans les Piéces de l'Auteur.

DEHORS TROMPEURS, (LES) ou L'HOMME DU JOUR, *Comédie en 5 Actes en Vers, de M. de Boiſſy.* Jouée

le 18 Février 1740. eut 17 repréfentations, & a été imprimée dans la même
année *in*-8°. Fut très applaudie. Elle eft
fouvent reprife, & toujours avec fuccès.

DEMOCRITE AMOUREUX, *Comé-*
die en 5 Actes en Vers, de Regnard.
Jouée le 11 Janvier 1700. eut 17 repréfentations, & a été imprimée *in*-12. en
1714. D'un bon comique ; la Scene de
la reconnoiffance eft furtout fort plaifante. L'unité de lieu n'eft point obfer-
vée dans cette Piéce. Le premier Acte fe
paffe dans un défert, & les quatre autres
à la Cour.

DENYS LE TYRAN, *Tragédie de*
M. Marmontel. Jouée le 5 Février 1748.
eut 16 repréfentations, & a été imprimée
in-12. l'année fuivante. Premiere Piéce
de l'Auteur. Elle donna de grandes ef-
pérances de fes talens. Mademoifelle *Clai-*
ron joua fupéricurement le rôle d'*Aré-*
tie, & *Ribou* y fut très-applaudi. Cette
Tragédie fut reprife le 15 Novembre de

la même année , & eut encore 6 représentations.

DEPIT AMOUREUX , (le) Comé-
die en un Acte en Vers , de Moliere. Repréfentée en Décembre 1658. & n'a été
imprimée qu'en 1682 in-12. N'eft pas
une des meilleures de ce célèbre Auteur.
Elle a cependant des Scenes plaifantes &
bien faites , entr'autres celles de la rup-
ture d'*Erafte* & de *Lucille*. Cette Piéce
avoit d'abord été jouée en Province.

DEUCALION & PIRRHA , *Comé-
die en un Acte en Profe , de M. de Saint
Foix*. Jouée le 20 Février 1741. retirée
après la troifiéme repréfentation. Spiri-
rituelle , il n'y a que deux Acteurs dans
cette Piéce. Elle eft imprimée avec un
Prologue en 1741. *in*-8°.

DEUIL , (le*) Comédie en un Acte en
Vers , de Hauteroche*. Repréfentée en
1552. a été imprimée en 1680. *in*-12.
rirée des Contes d'*Eutrapel*. Plaifante :
elle réuffit beaucoup. *Th. Corneille* y a

auſſi travaillé. On la reprend ſouvent.

DEVINERESSE, (LA) *ou* LES FAUX ENCHANTEMENS, *ou* MADAME JOBIN, *Comédie en 5 Actes en Proſe, de T. Corneille & de Viſé.* Jouée le 19 Novembre 1679. & a été imprimée en 1680. *in*-12. eut le plus grand ſuccès. On doit en partie l'attribuer au ridicule qui y eſt repris, & qui étoit alors plus à la mode qu'il ne l'eſt aujourd'hui. On remet rarement cette Piéce, à cauſe qu'elle exige beaucoup de ſpectacle.

DIDON, *Tragédie de M. Le Franc.* Jouée le 21 Juin 1734. eut 14 repréſentations, & a été imprimée *in* 12. dans la même année. C'eſt la premiere Piéce de l'Auteur, elle eut beaucoup de ſuccès.

* DISSIPATEUR, (LE) *Comédie en 5 Actes en Vers, de M. Nericault Deſtouches,* imprimée en 1736 *in*-12. elle a toujours été jouée en Province avec le plus grand ſuccès; mais elle n'a point

été repréſentée à Paris. Cependant elle
eſt portée ſur le nouveau Répertoire, intitulé : *Calendrier pour l'année 1752. à
l'uſage des Comédiens François.*

DISTRAIT, (LE) *Comédie en 5 Actes
en Vers, de Regnard.* Jouée le 2 Décembre 1697. n'eut que 4 repréſentations, &
a été imprimée *in-12.* l'année ſuivante.
Elle ne réuſſit point dans ſa nouveauté,
34 ans après elle fut repriſe & elle eut
un grand ſuccès.

DON BERTRAND DE CIGARAL,
*Comédie en 5 Actes en Vers , de T. Cor-
neille.* Repréſentée en 1650. avec ſuccès,
& a été imprimée en 1653. *in-12.* Divertiſſante , on ne l'a pas jouée depuis
longtems.

DON CEZAR D'AVALOS , *Comé-
die en 5 Actes en Vers , de T. Corneille.*
Donnée le 21 Décembre 1674. eut 15 repréſentations , & a été imprimée *in-12.*
en 1676. Même ſujet que celui des ME-
NECHMES.

DON JAPHET D'ARMENIE, *Comédie en 5 Actes en Vers*, *de Scaron* Représentée en 1654. & a été imprimée en 1654. *in* 4°. La meilleure des Piéces de l'Auteur, a beaucoup réussi dans son tems, & quoique le comique en soit bas on la revoit encore avec plaisir. Elle fut représentée au Louvre avec le Divertissement de la Cavalcade le 11 Janvier 1721. & M. *Joli* en fut l'ordonnateur.

DON PASQUIN D'AVALOS, *Comédie en un Acte en Vers*, *de Montfleury*. Représentée en 1673. & a été imprimée *in* 12. dans la même année. C'est le second interméde de L'AMBIGU COMIQUE. Il fut repris pour la premiere fois en 1688. & eut 5 représentations.

DON SANCHE D'ARRAGON, *Comédie héroïque en 5 Actes en Vers*, *de P. Corneille*. Représentée en 1651. & a été imprimée *in* 4°. dans la même année. N'eut pas de succès : peut-être que la façon de penser du Prince de Condé qui ne fut pas favorable à cette Piéce n'y contribua pas peu, elle a cependant été assez souvent reprise depuis ce tems-là, & presque toujours avec succès.

ECOLE AMOUREUSE, (l') *Comédie en 3 Actes en Vers, de M. Bret.* Jouée le 11 Septembre 1747. eut 8 représentations, & a été imprimée en 1748. *in-12.* eut du succès. C'est une imitation d'un des plus jolis endroits du PASTOR FIDO. Elle a été reprise dans la même année.

ECOLE DES AMANS, (l') *Comédie en 3 Actes en Vers, de M. Jolly.* Donnée le 18 Octobre 1718 eut 15 représentations, & a été imprimée *in-12.* l'année suivante. Tirée du *Palais de la Vengeance* de Madame *de Murat:* elle eut un grand succès. Le comique en est noble & la versification aisée. Reprise avec succès le 4 Avril 1731.

ECOLE DES AMIS, (l') *Comédie en 5 Actes en Vers, de M. de la Chaussée.* Jouée le 26 Février 1737. eut 12 représentations, & a été imprimée *in* 12. de la même année. Elle fut interrompuë au plus fort de son succès à la dixiéme repréfentation par l'indifposition d'un Acteur.

ECOLE DES FEMMES (L') *Comédie en* 5 *Actes en Vers, de Moliere.* Donnée le 26 Décembre 1662. eut 3 repréfentations, & a été imprimée *in*-12. en 1663. Piéce excellente, eut le plus grand fuccès. Elle eft parfaitement bien faite, & les caractéres en font bien foutenus : elle eft toujours revuë avec le même plaifir Dans l'Edition des Œuvres de *Moliere* de 1734. *in*-4° l'Editeur met la premiere repréfentation de cette Comédie au 24 Juin 1661 c'eft une erreur.

ECOLE DES JALOUX , *ou* le Cocu VOLONTAIRE , *Comédie en* 3 *Actes en Vers,* dédiée aux Cocus, *par Montfleury.* Repréfentée en 1664. & a été imprimée *in*-12. dans la même année. C'eft une Farce affez divertiffante : dans les repriſes elle a toujours été repréſentée ſous le titre de LA FAUSSE TURQUIE.

ECOLE DES MARIS, (L') *Comédie en 3 Actes en Vers, de Moliere.* Repréſentée le 4 Juin 1662. & a été imprimée *in*-12. en 1683. Chef-d'œuvre en tout point. Parfaitement intriguée ; elle réuſſit beaucoup & affermit la réputation de *Moliere.* Elle fut repréſentée devant le Roi à Vaux , chez M. Fouquet Surintendant des Finances.

ECOLE DES MERES, (L') *Comédie en 5 Actes en Vers, de M. de la Chauſſée.* Donnée le 27 Avril 1744. eut 13 repréſentations , & a été imprimée *in*-12. dans la même année. Eut beaucoup de ſuccès , elle fut repriſe le 9 Décembre de la même année , & eut encore 15 repréſentations.

EDOUARD III. *Tragédie de M. Grefſet.* Jouée le 22 Janvier 1740. eut 9 repréſentations , & a été imprimée *in*-12. dans la même année. Coup d'eſſai dans lequel on trouva bien des beautés de détail. C'eſt la premiere fois qu'on a hazardé de faire tuer un des perſonnages en préſence des Spectateurs. Cette hardieſſe prit fort bien. L'action fut exécutée à la vérité par le célébre *Dufreſne*, qui jouoit le rôle d'*Arondel*.

ELECTRE, *Tragédie de M. de Crébillon*. Donnée le 14 Décembre 1708. eut 14 repréſentations, & a été imprimée *in*-8ᵛ. l'année ſuivante. Piéce admirable: elle auroit eu un plus grand nombre de repréſentations ſans le grand froid qui obligea de fermer le Théâtre. Elle a été repriſe depuis avec un grand ſuccès, & on la revoit toujours avec le même plaiſir.

ENFANT PRODIGUE, (L') *Comédie en 5 Actes en Vers de dix ſyllabes, de M. de Voltaire* Repréſentée le 10 Octobre 1736. eut 27 repréſentations, & a été imprimée en 1738 *in*-8°. Cette Piéce a été jouée ſans être annoncée ni affichée. L'Auteur fut inconnu pendant quelques jours : elle eut un très-grand succès, qui s'est toujours soutenu depuis. C'est la premiere Piéce de l'Auteur en Vers de dix syllabes, on n'en avoit point donné depuis longtems de cette mesure : elle fut interrompuë après la 22e représentation par l'indisposition d'une Actrice ; reprise le 22 Janvier 1737.

EPREUVE RECIPROQUE , (L')
Comédie en un Acte en Prose d'Alain. Jouée le premier Juin 1711. eut 8 représentations , & a été imprimée *in-12.* dans la même année. *Le Grand* qui étoit ami de l'Auteur a retouché cette Piéce qu'on rejoue assez souvent , & il en a tiré parti pour en composer le premier Acte de la Comédie intitulée LE TRIOMPHE DU TEMS.

* ERIGONE , *Tragédie de M. de la Grange Chancel.* Donnée le 17 Décembre 1731. eut 8 représentations , & a été imprimée *in-12* l'année suivante : elle est foible de versification , mais elle n'est pas sans mérite.

ESCARBAGNAS, (LA COMTESSE d')
Comédie en un Acte en Prose, de Moliere.
Jouée avec succès le 8 Juillet 1672. & a
été imprimée *in* 12. en 1682. Farce d'un
bon comique, peignant naïvement les
ridicules de la Province. Cette Piéce fut
composée pour un Divertissement que le
Roi donna à Madame, à S Germain en
Laye : elle étoit d'abord en sept Actes
comprise la Pastorale qui la suivoit & ses
Intermédes Ces agrémens furent supprimés lorsqu'on la représenta à Paris.

ESOPE A LA VILLE, *Comédie en un
Acte en Vers avec un Prologue, de Boursault.* Jouée le 16 Janvier 1690. eut
43 représentations, & fut imprimée *in-*
12. dans la même année : elle eut un
prodigieux succès, & en a toujours eu
aux reprises.

ESOPE A LA COUR, *Comédie en 5
Actes en Vers, de Boursault.* Jouée le
16. Décembre 1701. eut 10 représentations, & a été imprimée *in* 12 l'année

fuivante. Cette Piéce fut jouée après la mort de l'Auteur ; on a retranché à la repréfentation quelques Scenes qui font imprimées. Elle eut du fuccés , malgré la fingularité du genre , & la Monotonie des Scenes. Il y en a de fort attendriffan-tes , entr'autres celle de *Rhodope* avec fa mere , & celle du *dénouement.*

ESOPE AU PARNASSE, *Comédie en un Acte en Vers , de M. Peffelier.* Don-née le 14 Septembre 1739. avec LE MEDECIN DE L'ESPRIT , & avec L'ECOLE DU MONDE , eut 12 repréfentations , & a été imprimée *in-12* dans la même année. La premiere de ces Piéces eut du fuccès , & la feconde qui ne réuffit pas fut attribuée à l'Abbé *Desfontaines.*

ESPRIT DE CONTRADICTION, (L') *Comédie en un Acte en Profe , de Du-freny.* Donnée le 29 Août 1700. eut 10 repréfentations , & a été imprimée *in-12.* en 1707. Chef d'œuvre dans fon genre, le ftyle en eft vif , naturel , & le caractére bien foutenu. On ne lui rendit pas affez de juftice dans fon tems. On la revoit toujours avec le même plaifir.

ESPRIT FOLLET, (L') *Comédie en* 5 *Actes en Vers, de Hauteroche.* Repré-fentée en 1684. eut 6 repréfentations , & a été imprimée *in*-12. dans la même an-née. Elle eft tirée de l'Efpagnol de *Don Calderon.* Eft très-intriguée & fort plai-fante par le jeu de Théâtre : on la re-prend fouvent.

ESSEX , (LE COMTE D') *Tra-gédie de T. Corneille.* Repréfentée avec beaucoup de fuccès en 1678. & a été im-primée en 1692. *in*-12. Cette Piéce eft très-bien faite. Le rôle d'*Elifabeth* eft fort intéreffant.

ESTER , *Tragédie en* 5 *Actes en Vers avec des Chœurs, de Racine.* Donné le 8 Mai 1721. eut 8 repréfentations , & a été imprimée *in*-4°. en 1689. Elle avoit d'abord été repréfentée à S. Cyr en 1688.

avec le plus grand succès, & 33 ans après on l'a jouée à Paris réduite en 3 Actes & sans les Chœurs : elle ne réussit pas autant qu'on l'avoit espéré.

ETE' DES COQUETTES, (L') *Comédie en un Acte en Prose, de Dancourt.* Jouée le 12 Juillet 1690. eut 12 représentations, & a été imprimée *in* 12. en 1701. Très-agréable & vivement écrite.

ETOURDI, (L') *ou* LES CONTRE-TEMS, *Comédie en 3 Actes en Vers, de Moliere.* Donné en Décembre 1658. & a été imprimé *in*-12. en 1663 C'est la premiere Piéce sortant du genre des Comédies de ce tems, & très-propre à annoncer les talens de l'Auteur. Elle a été représentée pour la premiere fois à Lyon en 1653 par la Troupe de *Moliere* avec le plus grand succès : elle n'en a pas moins eu quand elle a été donnée sur le Théâtre du Petit Bourbon. On la reprend quelquefois, & elle est toujours revuë avec le même plaisir.

ETOURDERIE

ETOURDERIE, (L') *Comédie en un Acte en Profe*, *de M. Fagand*. Jouée le 18 Juillet 1737. eut 18 repréfentations, & a été imprimée *in-12*. dans la même année. Joliment intriguée : elle fut jouée avec l'INQUIET & LES ORIGINAUX.

EXTRAVAGANCE, (LA DOUBLE) *Comédie en 3 Actes en Vers*, *de M. Bret*. Donnée le 27 Juillet 1750. eut 12 repréfentations, & a été imprimée *in-8°*. dans la même année. Elle eut beaucoup de fuccès : reprife le 15 Mai 1751. a eu encore 5 repréfentations.

FACHEUX, (LES) *Comédie en 3 Actes en Vers*, *de Moliere*. Repréfentée en 1661. & a été imprimée en 1663. *in-12*. Elle a été compofée pour la fameufe Fête qui fut donnée au Roi à Vaux, aujourd'hui *Villars*, par M. *Fouquet*, Surintendant des Finances. Cette Piéce eut un fuccès prodigieux : elle fut faite, apprife & repréfentée en 15 jours.

FAMILLE EXTRAVAGANTE, (LA)

D

Comédie en un Acte en Vers, de Le Grand, avec un Divertissement. Jouée le 7 Juin 1709 eut 11 représentations, & a été imprimée *in*-12. dans la même année. Elle est comique & Divertissante : *Poisson* y fait un plaisir infini.

FAT PUNI , (LE) *Comédie en un Acte en Prose, par un Auteur anonyme.* Donnée le 14 Avril 1739. eut 19 représentations, & a été imprimée *in*-8°. dans la même année. Tirée du *Gascon de la Fontaine.* Ce sujet qui étoit difficile à mettre au Théâtre, a été très-bien exécuté. Cette Piéce qui est de l'Auteur du COMPLAISANT , est aussi bien écrite, a eu un grand succès, & est toujours revuë avec le même plaisir.

FAUCON, (LE) *Comédie en un Acte en Vers, de l'Abbé Pellegrin.* Jouée le premier Septembre 1719. eut 12 représentations , & a été imprimée *in*-12. dans la même année. Elle est tirée du Roman de *Carmante* & des *Contes de la Fon-*

raine : elle eut quelque succès, quoique médiocre ; elle a été jouée & imprimée sous le nom de Mlle *Barbier*, qui n'en étoit cependant que le prête-nom.

FAUSSE ANTIPATIE, (LA) *Comédie en 3 Actes en Vers , de M. de la Chauffée*. Jouée le 12 Octobre 1733. eut 19 repréfentations, & a été imprimée *in-12* en 1734. Premiere Piéce de l'Auteur. Ouvrit un nouveau genre qu'il a très-bien foutenu depuis. Elle n'eut d'abord que quatre repréfentations , parce qu'on alla à Fontainebleau , mais à fa reprife le 27 Février de l'année fuivante avec LA CRITIQUE , elle en eut encore 15 , en tout 19 repréfentations.

FAUX SC,AVANT , (LE) *Comédie en 5 Actes en Profe , de M. du Vaure.* Repréfentée le 21 Juin 1728. eut 4 repréfentations , reprife le 13 Août 1749. fous le titre de L'AMOUR PRECEPTEUR, & réduite en 3 Actes. *Voyez* AMOUR PRECEPTEUR, page 7.

FAUX SINCERE, (LE) *Comédie en 5 Actes en Vers, de Dufreny.* Donnée le 16 Juin 1731. eut 15 représentations, & a été imprimée en 1731. *in-12.* Pleine d'esprit, & faite d'après le plan du FAUX HONNETE-HOMME du même Auteur. Fut donnée pendant un voyage de Fontainebleau. *Montmenil* y remplit très-bien le premier rôle, elle eut beaucoup de succès. Je n'ai point trouvé cependant sur les Regiſtres qu'elle ait été encore reprise.

FEMME FILLE ET VEUVE, (LA) *Comédie en un Acte en Vers, de le Grand.* Jouée le 26 Mai 1707. eut 10 repréſentations, & a été imprimée *in-12.* dans la même année. Elle eſt divertiſſante, mais l'intrigue eſt peu vraiſemblable.

FEMME JUGE ET PARTIE, (LA) *Comédie en 5 Actes en Vers, de Montfleury.* Repréſentée en 1669. & a été imprimée *in-12.* en 1670. Vive & plaiſante, eut un très-grand ſuccès : elle fut donnée le 2 du mois de Mars.

FEMMES SÇAVANTES, (LES) Comédie en 5 Actes en Vers, de Moliere. Donnée le 11 Mars 1672. & a été imprimée *in-12.* en 1676. Fut reçuë d'abord assez froidement : mais les Connoisseurs lui ayant rendu la justice qu'elle méritoit, elle eut une grande réussite. Ce qui a donné lieu à la Scéne de *Trissotin* & de *Vadius*, est une avanture véritable. On sçait que *Trissotin* est l'Abbé *Cotin*, & qu'on l'avoit d'abord appellé *Tricotin*. Cette Piéce est toujours revuë avec plaisir, quoique ce ne soit plus guére le ridicule du tems.

FESTIN DE PIERRE, (LE) *Comédie en 5 Actes en Vers, de T. Corneille.* Jouée le 12 Février 1677. n'eut que 6 représentations, & a été imprimée *in-*12 en 1683. C'est celle de *Moliere* que *T. Corneille* a mise en Vers, & où il a fait quelques changemens. Il y a mis des femmes dans les Scenes du troisiéme & du cinquiéme Acte, & dans le cours de la

Piéce il a adouci des expreſſions un peu trop fortes.

FETE DE VILLAGE, (LA) *Comédie de Dancourt. Voyez* BOURGEOISES DE QUALITE' : c'eſt la même.

FILLE CAPITAINE, (LA) *Comédie en 5 Actes en Vers, de Montfleury.* Repréſentée en 1672. & a été imprimée *in-*12. dans la même année. Divertiſſante & d'un fort bon comique.

FILS INGRATS, (LES) *Comédie en 5 Actes en Vers, de M. Piron.* Donnée le 21 Octobre 1728. eut 23 repréſentations, & a été imprimée *in-*8o. l'année ſuivante. Piéce originale & gaie qui eut un grand ſuccès.

FLATEUR, (LE) *Comédie en 5 Actes en Proſe, de Rouſſeau.* Jouée le 24 Novembre 1696. eut 10 repréſentations, & a été imprimée *in-*12. en 1697. Le caractére en eſt aſſez bien ſoutenu, mais le cinquiéme Acte eſt foible. L'Auteur l'a mise depuis en Vers & l'a affoiblie : elle a été reprise avec quelque succès.

FLORENTIN, (LE) *Comédie en un Acte en Vers, de la Fontaine.* Donnée le 23 Juillet 1685 eut 13 représentations, & a été imprimée *in-12.* en 1699. Cette Piéce est très-agréable : elle consiste presque toute entiere dans une Scene fort jolie entre *Hortence* & le jaloux *Harpagesme.* Mlle *Raisin* joua le rôle d'original, Mlle *Lecouvreur* y a eu depuis le plus grand succès : la perfection de son jeu redonna à cette petite Comédie tout le piquant de la nouveauté. Mlle *Grandval* qui remplit ce rôle aujourd'hui avec cette supériorité que tout le monde sçait, conserve à cette Piéce cet avantage. Suivant la premiere édition elle étoit en trois Actes & fort différente de ce qu'elle est aujourd'hui.

FOIRE DE BESONS, (LA) *Comédie en un Acte en Prose, de Dancourt, avec un Divertissement.* Jouée le 13 Août 1695.

eut 33 repréfentations, & a été imprimée *in*-12. dans la même année. C'eft un Vaudeville du tems qui fut très-applaudi. A la reprife au mois de Septembre 1736. on y mit un Divertiffement nouveau qui réuffit beaucoup.

FOIRE St LAURENT, (LA) *Comédie en un Acte en Vers avec un Divertiffement* , *de Le Grand*. Donnée le 2 Septembre 1709. & non le 10 Septembre 1708. comme le marque l'Editeur des Œuvres de cet Auteur : elle eut 15 repréfentations , & a été imprimée *in*·12. en 1709. Cette Piéce eft une farce plaifante , furtout pour le tems où elle fut faite , on y parodioit *le Rat* , qui montroit des curiofités à la Foire : il s'en vengea à fa maniere ; cette vengeance tomba fur les plus célébres Actrices de ce tems-là , il en parla à l'occafion de fes tableaux changeans , dont il fe difoit l'inventeur.

FOLLE ENCHERE , (LA) *Comédie*

en un *Acte en Profe*, *de Dancourt*. Jouée
le 30 Mai 1690. eut 9 repréfentations,
& a été imprimée *in*-12 dans la même
année. Le dialogue en eft vif, mais l'intrigue peu vraifemblable. Quoiqu'elle
foit imprimée fous le nom de l'Auteur
que nous venons d'indiquer, on pourroit foupçonner qu'il n'en eft que le re-
vifeur, comme cela lui arrivoit quelquefois quand les Piéces d'autrui lui en pa-
roiffoient dignes.

FOLIES AMOUREUSES, (LES)
*Comédie en 3 Actes en Vers avec un Pro-
logue en Vers libres, de Regnard.* Donnée le 15 Janvier 1704. eut 14 repréfentations, & a été imprimée *in*-12.
dans la même année. Très-amufante &
remplie de Jeux de Théâtre. C'eft une
des petites Piéces qu'on joue le plus fouvent & qui réuffit davantage. Le Per-
fonnage d'*Agathe* étoit le rôle favori &
le triomphe de Mlle de *Nefle*. Cette
Piéce fut fuivie dans fa nouveauté d'un
Divertiffement intitulé LE MARIAGE DE

LA FOLIE, qu'on ne joue plus, non plus que le Prologue.

FORCE DU NATUREL (LA) Comédie en 5 Actes en Vers de M. Destouches. Jouée le 11 Février 1750. eut 13 repréſentations, & a été imprimée in-12. dans la même année. Ne fut pas trop bien reçuë la premiere fois, mais à la ſeconde repréſentation le Jeu des Acteurs, & ſurtout des deux principales Actrices força le Public à revenir ſur cet Ouvrage, & il eut du ſuccès.

FOU RAISONNABLE (LE) Comédie en 1 Acte en Vers, de R. Poiſſon. Repréſentée en 1664. a été imprimée in-12. dans la même année. Comique, mais d'un ſtyle bas. Elle eſt indiquée dans le Catalogue Chronologique des Comédies de Poiſſon ſous le nom de FOU DE QUALITE', c'eſt une méprise. Maupoint qui ne s'eſt pas donné la peine d'examiner la bévuë, a fait deux Piéces de ces deux titres. Voyez la Bibliothèque des Théâtres pag. 145.

FOURBERIES DE SCAPIN (les),
Comédie en 3 Actes en Prose. Représentée le 21 Mai 1671. imprimée *in-12.*
dans la même année. Divertissante, mais
un peu farce ; elle eut un grand succès.
Deux Scènes plaisantes ont été tirées de
la Comédie du Pe'dant joue' de *Ci-*
rano de Bergerac. L'usage ancien des
Masques s'est encore conservé dans cette
Piéce.

FRANÇOIS A LONDRES (le)
Comédie en 1 Acte en Prose, de M. de
Boissy Représentée le 3. Juillet 1723.
eut 17 représentations, & a été imprimée *in 8°.* dans la même année. Eut
beaucoup de succès. *Drouin* y est très-
applaudi dans le rôle de *Milord Hou-*
zey, qu'il rend toujours avec beaucoup
de naturel.

FRANÇOISE ITALIENNE , (la)
Comédie en un Acte , faisant partie de
l'Impromptu de la Folie, de *Le Grand.*
Représentée le 5 Novembre 1725. eut 26

repréſentations, & a été imprimée *in-12.* dans la même année. *Voyez* IMPROMPTU DE LA FOLIE.

GABINIE. *Tragédie de l'Abbé Brueys.* Donnée le 14 Mars 1699. eut 10 repréſentations, & a été imprimée *in-12* dans la même année. Cette Piéce eſt tirée d'une Tragédie latine intitulée SUZANA; elle eut du ſuccès. *Voyez* l'*Hiſt. du Th. Fr.* tome XIV. *page* 123.

GALANT COUREUR, (LE) ou L'OUVRAGE D'UN MOMENT, *Comédie en un Acte en Proſe, de Le Grand, avec un Divertiſſement de Quinault le Comédien.* Jouée le 11 Août 1722. eut 22 repréſentations, & a été imprimée *in-*12. dans la même année. Plaiſante : elle eut une grande réuſſite.

GALANT JARDINIER (LE) *Comédie en* 1 *Acte en Proſe de Dancourt, avec un Divertiſſement.* Repréſentée le 28 Octobre 1704 eut 17 repréſentations & a été imprimée en 1705. *in-*12. Elle eſt d'un bon Comique. Le dialogue en eſt vif. C'eſt une des jolies petites Piéces qui ſoit au Théâtre ; elle eſt une de celles où l'on croit que *Saintyon* a part.

GASCONS (LES TROIS) *Comédie en* 1 *Acte en Proſe de Boindin* Donnée le 4 Juin 1701. eut 8 repréſentations, & a été imprimée *in*-12. en 1702. Le fond de cette Piéce eſt le même que celui des TROIS ORONTES de *Boiſrobert*, mais ici bien plus reſſerré : elle eſt plaiſante & a été repriſe pluſieurs fois : bien des gens croyent que M. *de la Motte* y a travaillé. *Beauchamps* fait plus, il la lui donne dans ſes recherches , en met la premiere repréſentation en 1702. & dit que *Boindin* n'en eſt que le prête-nom,

GEOLIER DE SOI-MESME, (LE) *Comédie en* 5 *Actes en Vers , de* T. *Cor-neille*. Repréſentée en 1655. & imprimée *in*-12. en 1657. Cette Piéce renferme préciſément le même ſujet que celui du GARDIEN DE SOI-MESME, par *Scaron*, mais il est employé ici avec beaucoup plus d'art : elle eut du succès & est restée au Théâtre sous le nom de JODELET PRINCE.

GEORGES DANDIN, OU LE MARI CONFONDU, *Comédie en 3 Actes en Prose, de Moliere.* Représentée d'abord à Versailles devant le Roi le 15 Juillet 1668. avec des Intermédes , dont la Musique est de *Lully*, & à Paris sur le Théâtre du Palais Royal sans Intermédes le 9 Novembre de la même année , & a été imprimée *in-12.* en 1669. Cette Piéce eut beaucoup de succès , & en a encore tous les jours.

GETA , *ou* L'ILLUSTRE VESTALE, *Tragédie de Pechantré.* Jouée le 29 Janvier 1687. eut 22 représentations , & a été imprimée *in-12.* dans la même année , eut beaucoup de succès. Le fond en est très-intéressant , le quatriéme & le cinquiéme Acte furent trouvés fort beaux dans ce tems-là : elle est quelquefois reprife. Mlle *Lecouvreur* y jouoit fupérieurement le rôle de *Juftine* , Mlle *de Seine* , depuis Mlle *Dufrefne* , y a auffi très-bien réuffi à fon début. Il fe trouve deux anecdotes dans l'Hiftoire du Théâtre François Tom. XIII. pag. 36. par lefquelles il fembleroit que *Dumbelot* coufin de *Palaprat* , a fait les quatre premiers Actes de cette Piéce , & que *Baron* eft l'Auteur du cinquiéme.

GLORIEUX , (le) *Comédie en 5 Actes en Vers* , de M. *Deftouches*. Jouée le 18 Janvier 1732. eut 30 repréfentations, & a été imprimée *in*-12. dans la même année. La réuffite de cette Piéce fut prodigieufe, & l'on ne fe laffe point de l'applaudir. Le rôle principal eft un de ceux que *Dufrefne* a le mieux rendu & qui lui a fait le plus d'honneur.

GOUVERNANTE , (la) *Comédie en 5 Actes en Vers de M. de la Chauffée*. Donnée le 18 Janvier 1747. eut 17 repréfentations, & a été imprimée *in*-12. dans la même année, eut beaucoup de succès. Le sujet est tiré d'une avanture véritable arrivée à M. de *la Faluere*, alors Conseiller au Parlement de Bretagne , & depuis premier Président de ce Parlement.

GRACES , (LES) *Comédie en un Acte en Prose , de M. de Saint Foix*. Jouée le 13 Juillet 1744. eut 11 représentations , & a été imprimée *in* 12. l'année suivante. Cette Piéce est dans un nouveau genre & forme un tableau charmant digne de l'*Albane*. Celles qui remplirent les rôles *des Graces* n'eurent ni besoin de l'art ni de l'illusion du Théâtre pour y être applaudies , elles charmérent : Mlle *Dangeville* y joua à ravir.

GRONDEUR , (LE) *Comédie en 3 Actes en Prose , de l'Abbé Brueys*. Donnée le 3 Février 1691. avec le Prologue *des Sifflets* , par *Palaprat* , eut 10 représentations , & n'a été imprimée qu'en 1711. *in*-12. Le caractére principal est bien soutenu & d'un excellent comique.
Cette

Cette Piéce avoit été d'abord faite en cinq Actes, les Comédiens exigérent qu'elle fût réduite en trois. Ce seroit une des meilleures Piéces depuis *Moliere*, si le dernier Acte répondoit au reste. *Palaprat* y a aussi travaillé : elle fut sifflée à la premiere représentation par le Théâtre, & applaudie par le Parterre : elle a eu depuis le plus grand succès, & est toujours revuë avec le même plaisir.

GUSTAVE, *Tragédie de M. Piron.* Jouée le 6 Février 1733. eut 20 représentations, & a été imprimée *in* 8°. dans la même année. Piéce dans un goût nouveau & chargée d'incidens : elle eut un très-grand succès, & en a toujours aux reprises.

HABIS, *Tragédie de Madame de Gomez.* Donnée le 17 Avril 1714. eut 25 représentations, & a été imprimée *in*-12. dans la même année. Cette Piéce est tirée d'une nouvelle de Mlle de

Guillain intitulée *Habis* : elle eſt intéreſſante , mais un peu foible de verſification. Elle eut un grand ſuccès dans ſa
nouveauté , elle n'en a pas eu autant à
la repriſe du 14 Mai 1732.

HERACLIUS, Empereur d'Orient.
Tragédie de P. *Corneille.* Repréſentée
en 1647. & imprimée *in-*4°. dans la même année. Piéce admirable , pleine de
génie , & digne de ſon inimitable Auteur : elle a eu un ſuccès prodigieux à ſa
repriſe en 1724. On a agité dans ce tems
la queſtion , ſçavoir s'il l'avoit tirée de
Don Pedro de Calderon , ou ſi elle étoit
de ſon invention ; après bien des écrits
pour éclaircir le fait, la choſe eſt reſtée
indéciſe. Une preuve en faveur de *Cor-*
neille ſuffit pour la réſoudre ; ce grand
homme n'a jamais altéré la vérité tant
qu'il a vécu. Il dit, dans l'examen de ſa
Tragédie d'Heraclius , *que c'eſt un*
heureux original dont il s'eſt fait de bel-
les copies ſitôt qu'il a paru. Ce peu de
mots décide : ſi *Corneille* avoit tiré le

sujet de *Calderon*, il l'auroit avoué avec son ingénuité ordinaire.

*HERODE, *Tragédie de l'Abbé Nadal*. Donnée le 5 Février 1709. eut 9 représentations, & a été imprimée *in-12.* dans la même année. On voulut trouver des allusions à cette Piéce.

HOMME A BONNES FORTUNES (L') *Comédie en 5 Actes en Prose, de Baron.* Donnée le 30 Janvier 1686. eut 23 représentations, & a été imprimée *in-12.* dans la même année. Très-agréable, & toujours revuë avec plaisir, quoiqu'écrite avec un peu de négligence. Bien des gens ont prétendu que *Baron* n'en étoit que le prête-nom, mais n'en ont apporté aucune preuve.

HORACES, (LES) *Tragédie de P. Corneille.* Représentée en 1639. & imprimée en 1641 *in-4°.* L'un des chef-d'œuvres de l'art : le cinquiéme Acte moins beau que les autres. Cette belle

Piéce a toujours été imprimée sous le titre d'HORACE, & non sous celui des HORACES que les Comédiens employent ordinairement dans leurs annonces & dans leurs affiches.

HYPERMNESTRE, *ou* LYNCE'E, *Tragédie de Riuperoux.* Jouée le premier Avril 1704. eut 11 représentations, & a éé imprimée *in-*12. dans la même année. Il se trouve dans cette Piéce une Scene qui fit un grand effet & qui fut fort ap-plaudie : c'est la troisiéme du troisiéme Acte. Cette Tragédie fut interrompuë après la quatriéme représentation par l'indisposition de Mlle *Duclos.* Au bout de quelques jours on la remit au Théâ-tre & elle n'en eut que sept, en tout 11 représentations : à sa derniere reprise le 18 Novembre 1726. elle n'eut point de réussite. L'Auteur a tiré parti des *Da-naïdes de Gombaut*, & du *Lyncée* de l'Abbé *Abeille*, même sujet que celui de sa Tragédie. *Voyez* le second Volume du *Mercure* de Novembre, année 1726. pag. 2746. & 2758.

JALOUX DESABUSE', (LE) *Comé-die en 5 Actes en Vers , de Campiſtron.* Jouée le 13 Décembre 1709. eut 10 re-préſentations , & a été imprimée *in-12.* dans la même année. Bon comique , bien conduite , un de nos Modernes en a tiré parti.

* IDOMENE'E , *Tragédie de M. de Crebillon.* Donnée le 29 Décembre 1705. eut 13 repréſentations , & a été impri-mée *in-12.* l'année ſuivante. C'eſt la pre-miere Piéce de l'Auteur , qui annonça les talens qui l'ont rendu ſi célébre de-puis.

JE VOUS PRENS SANS VERT , *Comédie en un Acte en Vers , de Champ-meſlé.* Donnée le premier de Mai 1693. avec un Divertiſſement , eut 14 repré-ſentations , & a été imprimée en 1699. *in-12.* Aſſez plaiſante. A ſa repriſe on mit un Divertiſſement nouveau compoſé par M. *Granval* le pere. Quoique cette Piéce ſoit dans les Œuvres de *Champ-*

meflé, elle paffe pour être de *la Fontaine.*

IMPERTINENT, (L') *Comédie en un Acte en Vers, de M. Demahis.* Jouée le 31 Août 1750. eut 15 repréfentations, & a été imprimée *in-8o.* dans la même année. Coup d'effai qui plut par des détails très-agréables & des Vers fort heureux. Cette Piéce fut donnée à la premiere repréfentation fous le titre de BILLET PERDU.

IMPORTANT , (L') *Comédie en 5 Actes en Profe , de l'Abbé Brueys.* Jouée le 13 Décembre 1693. fous le titre de l'IMPORTANT DE COUR , eut 9 repréfentations , & a été imprimée en 1694. *in-12.* Cette Piéce eft affez bonne , mais le caractére principal eft défectueux. C'eft plutôt un *Chevalier d'induftrie* , qu'un *Important.*

IMPROMPTU DE CAMPAGNE, (L') *Comédie en un Acte en Vers, de R. Poif-*

ſon. Donnée le 21 Décembre 1731. eut 9 repréſentations , & a été imprimée *in-12.* dans la même année. Cette Piéce eſt médiocre , mais aſſez divertiſſante.

IMPROMPTU DE LA FOLIE, (L') *Ambigu Comique* , *de Le Grand*. Joué le 5 Novembre 1725. eut 26 repréſentations , & a été imprimé en 1726. *in-12.* Cette Piéce renferme deux Comédies en un Acte chacune : ſçavoir , LES NOUVEAUX DEBARQUE's & LA FRANÇOISE ITALIENNE. Ces petites Piéces étoient entremêlées dans leur nouveauté de trois Intermédes, de Chants & de Danſes, dont le premier figuroit une revuë du Régiment de *la Calotte* par *la Folie*, dont les airs étoient de *Quinault*, & les Ballets de *Dangeville*. La fille de *Le Grand* en *Arlequin* & *Armand* en *Pantalon*, qui parodiérent fort plaiſament ces deux Acteurs Italiens, firent le grand ſuccès de cette Comédie.

INCONNU, (L') *Comédie en 5 Actes*

en *Vers*, *de T. Corneille & de Visé*.
Donnée le 17 Novembre 1675. avec Prologue & Divertissement, mêlé de Musique & de Danses, eut 28 représentations,
& a été imprimée dans la même année
in-12. Piéce ingénieuse & parfaitement
imaginée pour une Fête. Elle a toujours
eu beaucoup de succès aux différentes
reprises, à celle de 1703. le 21 Août
elle eut 16 représentations. On y avoit
ajouté un nouveau Prologue qui n'a pas
été rejoué depuis & de nouveaux Divertissemens, dont *Dancourt* fit les paroles
& *Gilliers* la Musique.

INDISCRET, (L') *Comédie en un*
Acte en Vers, *de M. de Voltaire*. Jouée
le 18 Août 1725. eut 6 représentations,
& a été imprimée *in*-8°. dans la même
année. Premiere Piéce de l'Auteur. La
premiere Scene est un chef-d'œuvre pour
le style.

INES DE CASTRO, *Tragédie de la*
Motte. Donnée le 6 Avril 1723. eut 32

repréſentations, & a été imprimée *in* 8°. dans la même année. Très-intéreſſante, & fort bien conduite. Elle eſt un peu foible de verſification. Après avoir été jouée deux fois, elle fut interrompuë par la maladie de *Baron*. On la reprit le 15 Mai, & elle fut jouée trente-deux fois. On ne la donnoit que deux fois par ſemaine, le Mercredy & le Samedy. Elle eut dans le cours de l'année quarante-deux repréſentations ; elle a toujours réuſſi à ſes repriſes.

INGRAT, (L') *Comédie en 5 Actes en Vers, de M. Deſtouches*. Jouée le 28 Janvier 1712. eut 15 repréſentations, & a été imprimée *in*-12. dans la même année. Piéce bien écrite, mais dont le caractére principal parut bien noir. Elle eut beaucoup de ſuccès. Fut interrompuë par la mort de Madame la Dauphine, après la ſeptiéme repréſentation. On la reprit le 29 Octobre & elle fut encore jouée huit fois, elle a été depuis repriſe, mais avec moins de ſuccès.

INO & MELICERTE, *Tragédie de M.*
de la Grange-Chancel Donnée le 10 Mars
1713. eut 17 repréſentations , & a été
imprimée *in-*12. dans la même année ,
eut du ſuccès. Elle fut interrompuë par
la maladie de Mlle de *Neſle.* Le rôle
d'*Ino* eſt intéreſſant, la premiere repriſe
eſt en Décembre 1729. & la ſeconde le
20 du même mois 1742. Les Comédiens
firent pour celle-ci la dépenſe d'une fort
belle décoration , repréſentant la façade
d'un Palais.

INQUIET , (L') *Comédie en un Acte
en Vers , de M. Fagand.* Jouée avec
l'ETOURDERIE & LES ORIGINAUX le 18
Juillet 1737. eut 18 repréſentations, & a
été imprimée *in* 12. dans la même année.
Voyez CARACTERES DE THALIE.

INVISIBLE, (LA DAME) *ou* L'ESPRIT
FOLLET , *Comédie en 5 Actes en Vers , de
Hauteroche.* Donnée le 22 Février 1685.
eut 6 repréſentations , & a été imprimée
l'année ſuivante *in-*12. Cette Piéce fut

représentée fous le feul titre de l'INVI-
SIBLE. *Voyez* ESPRIT FOLLET. M. *Maupoint* prétend dans fa *Bibliothéque du
Théâtre*, que *Thomas Corneille* en eft le
véritable Auteur, & que *Hauteroche* n'en
eft que le prête-nom. La preuve du con-
traire, c'eft qu'elle n'a jamais été imprimée dans les différentes éditions de *Thomas Corneille*.

JODELET MAITRE ET VALET,
Comédie en 5 *Actes en Vers*, *de Scaron*.
Repréfentée en 1645 a été imprimée *in-*
4°. dans la même année. Elle eft tirée de
l'Efpagnol de *Don Juan Alvaredo*; elle
étoit bonne pour le tems.

JODELET, PRINCE, *Comédie en* 5
Actes en Vers, *de T. Corneille*. Donnée
en 1655. imprimée *in* 12. dans la même
année. *Voyez* GEOLIER DE SOI-MESME.

* JONATHAS, *Tragédie en* 3 *Actes
en Vers libres avec des Chœurs*, *de Duché*. Repréfentée d'abord devant le Roi
à S. Cyr en 1700, & à Paris les Chœurs

supprimés, le 26 Février 1714. où elle ne s'est jouée qu'à la faveur de la célébrité de la Tragédie d'ABSALON du même Auteur, qui fut donnée d'abord à Versailles en 1702. & dans laquelle comme dans JONATHAS Madame la Duchesse de *Bourgogne* & M. le Duc d'*Orléans* jouérent plusieurs fois. Elle n'eut que 5 représentations, & a été imprimée *in*-12. en 1700.

JOUEUR, (LE) *Comédie en 5 Actes en Vers, de Regnard*. Jouée le 19 Décembre 1696. eut 18 représentations, & a été imprimée *in*-12. en 1705. Piéce de caractére, une des meilleures qui ait paru depuis *Moliere*, eut beaucoup de succès, & l'a toujours conservé dans ses reprises ; *Dufreny* prétendit que *Regnard* lui en avoit volé le sujet, & donna l'année suivante le CHEVALIER JOUEUR pour s'en vanger, mais cette Piéce n'eut qu'une seule représentation *Voyez* LE CHEVALIER JOUEUR, *dans les Tablettes Dramatiques, pag.* 49 *du Dictionnaire.*

IPHIGENIE , *Tragédie de Racine*,
Repréſentée au mois de Février 1674,
imprimée *in*-12. en 1675. eut à la Cour
& à la Ville le plus grand ſuccès & le
mieux mérité. C'eſt une des Tragédies
qu'on joue le plus ſouvent & qu'on revoit avec le plus de plaiſir.

IRRESOLU (L') *Comédie en 5 Actes
en Vers, de M. Deſtouches.* Donnée le
5 Janvier 1713. eut 6 repréſentations ,
& a été imprimée *in*-12. dans la même
année. Elle méritoit plus de ſuccès ; elle
eſt très-bien écrite , & a bien des beautés de détail. L'Auteur a corrigé les
trois premiers Actes avant que de la
faire imprimer & refondu preſqu'entié-
rement les deux derniers.

* JUDITH, *Tragédie de l'Abbé Boyer.*
Donnée le 4 Mars 1695. eut 17 repréſentations ,& a été imprimée *in*-12. dans
la même année. Quoique médiocre elle
eut le plus grand ſuccès , mais à la repriſe elle fut ſi mal reçue , que Mlle

Champmeflé qui y avoit été tant applaudie, en marqua fa furprife au Parterre,
une voix lui répondit: *Les fifflets étoient
à Verfailles aux Sermons de l'Abbé Boi-*
leau.

JULIE, ou L'HEUREUSE EPREUVE,
Comédie en 1 *Acte en Profe de M. de*
Saint Foix. Jouée le 20 Octobre 1746.
eut 9 repréfentations, & a été imprimée
in-12. en 1750. Elle fut jouée pendant
l'abfence avec beaucoup de fuccès. L'intrigue en eft très-jolie. Cette Piéce a
été reprife au mois de Décembre 1751.

LEGATAIRE UNIVERSEL (LE)
Comédie en 5 *Actes en Vers, de Re-*
gnard. Donnée le 9 Janvier 1708. eut
20 repréfentations, & a été imprimée
in-12. dans la même année. Très-divertiffante, mais un peu farce. Un fait
véritable donna l'idée de cette Piéce.
Elle eut beaucoup de fuccès, & elle en
a toujours à fes fréquentes reprifes.

LOT SUPPOSE', (LE) ou LA COQUETTE

DE VILLAGE , *Comédie en 3 Actes en Vers , de Dancourt.* Jouée le 27 Mai 1715. eut 13 repréfentations , & a été imprimée *in*-12. l'année fuivante. Très-divertiffante & fort fpirituelle. Il y a une *Scéne* à la fin du fecond Acte qui a toujours fait un grand plaifir.

* MACHABE'ES (LES) *Tragédie de la Motte* Jouée le 6 Mars 1721. eut 15 repréfentations , & a été imprimée *in*-8°. l'année fuivante. C'eft la premiere Piéce de l'Auteur où l'on trouva bien des beautés. Elle eut 9 repréfentations avant Pâques , & 6 après. Mlle *Defmares* , qui y jouoit *Antigone* , s'étant retirée à la clôture , Mlle *le Couvreur* la remplaça à la rentrée. *Baron* fit le rôle du *jeune Machabée* , quoiqu'il eût alors foixante & dix ans. Cette Tragédie a été reprife fans fuccès le 13 Novembre 1745.

MAGIE DE L'AMOUR (LA) *Comédie en 1 Acte en Vers libres avec un Divertiffement , de Autreau.* Donnée le

9 Mai 1735. eut 15 repréſentations, &
n'a été imprimée qu'en 1749. *in-12.*
Cette Piéce fut mal reçuë à la premiere
repréſentation ; mais l'Auteur ayant
changé le dénouement , & racourci la
Comédie , elle reprit & eut du ſuccès.
Autreau étoit dans un âge fort avancé
quand il la compoſa.

MAGNIFIQUE (LE) *Comédie en
2 Actes en Proſe.* Jouée le 11 Mai 1731.
eut 16 repréſentations, & n'a été imprimée qu'en 1750. *in-12.* Cette Piéce
eſt tirée de *Bocace* & de *la Fontaine.*
Elle eſt charmante & unique dans ſon
genre. C'eſt la premiere Comédie qui
ait été donnée en deux Actes. Elle eſt
ſouvent repriſe & a toujours eu le même ſuccès. *Voyez* ITALIE GALANTE
dans les Tablettes Dramatiques pag. 143
du Dictionnaire.

* Mahomet II. *Tragédie de Château-
brun.* Donnée le 15 Novembre 1714. eut
11 repréſentations & a été imprimée *in-*
12.

12. l'année suivante. Elle a quelques beaux endroits, mais le cinquiéme Acte empêcha le succès de cette Piéce.

MAHOMET II. *Tragédie, de M. de la Nouë.* Repréſentée le 23. Février 1739. eut 16 repréſentations & a été imprimée *in*-12. dans la même année. On auroit déſiré que l'Auteur eût oſé mettre en action la cataſtrophe qui eſt en récit. Cette Piéce eſt remplie de beautés ; elle eut neuf repréſentations avant Pâques, & ſept après.

MAHOMET, *ou* LE FANATISME, *Tragédie de M. de Voltaire.* Miſe au Théâtre le 9 Août 1742. n'eut alors que 3 repréſentations, parce qu'elle fut ſuſpenduë : elle a été imprimée *in*-12. dans la même année. Repriſe avec ſuccès le 30 Septembre 1751. & eut 8 repréſentations : interrompuë par le voyage de Fontainebleau, & repriſe au retour. Elle a encore été imprimée dans l'année de la repriſe.

F

MAISON DE CAMPAGNE (LA)

Comédie en 1 *Acte en Prose* , *de Dancourt.* Donnée le 27 Août 1688. eut 20 repréſentations , & a été imprimée en 1708. *in-*12. Divertiſſante , plaiſamment intriguée , & vivement dialoguée.

MALADE IMAGINAIRE , (LE) *Comédie-Ballet en* 3 *Actes en Proſe avec un Prologue en Vers Lyriques* , *de Moliere.* Jouée le 10 Février 1673. eut 42 repréſentations , & a été imprimée *in-*12. en 1674. C'eſt une de ces Farces de *Moliere* dans laquelle on trouve des Scenes dignes de la haute Comédie. *Deſpreaux* donna l'idée du Latin marotique de cette Piéce , & *Charpentier* fit la Muſique. Elle fut interrompuë le 17 Février après la quatriéme repréſentation par la mort de ſon célébre Auteur. On la reprit le 4 Mai ſuivant , & elle fut encore jouée trente-huit fois. Le rôle du *Malade Imaginaire* que faiſoit *Moliere,* fut remplacé par *Roſimont.*

MANLIUS CAPITOLINUS, *Tragédie de la Fosse*. Donnée le 18 Janvier 1698. eut 17 représentations, & a été imprimée dans la même année *in*-12. Tirée de *la Conjuration de Venise* de M. de *Saint-Réal*. Elle est bien faite & mâlement versifiée. On la rejoue de tems en tems & toujours avec succès.

* MARI CURIEUX, (LE) *Comédie en un Acte en Prose & Divertissement*, de d'*Alainval*. Jouée le 25 Août 1731. & a été imprimée *in*-12. dans la même année. Elle est foible & l'intrigue commune.

MARI RETROUVE', (LE) *Comédie en un Acte en Prose avec un Divertissement*, de *Dancourt*. Mise au Théâtre le 29 Octobre 1698. eut 23 représentations, & a été imprimée dans la même année *in*-12. Fort plaisante, eut beaucoup de succès. C'est un Vaudeville à l'occasion du Procès du sieur de *la Pivardiere*, rapporté dans le troisiéme volume des

Caufes célébres. Elle eft fouvent jouée, la derniere reprife au mois de Mars 1747 avec un nouveau Ballet de *Drouin*, qui a fait grand plaifir.

MARI SANS FEMME, (LE) *Comédie en 5 Actes en Vers* , *de Montfleury.* Repréfentée en 1663. & imprimée dans la même année *in-12.* Elle réuffit beaucoup, quoique le comique en foit forcé, l'intrigue romanefque & peu vraifemblable : elle eft reprife de tems en tems.

MARIAGE FAIT ET ROMPU, (LE) *Comédie en 3 Actes en Vers* , *de Dufreny.* Donnée le 14 Février 1721. eut 19 repréfentations , & a été imprimée dans la même année *in-12.* Jolie , originale, ingénieufement écrite , & pleine d'efprit. Il y a furtout un rôle d'un *Gafcon* froid qui eft tout neuf & inimitable. Le Procès du *Faux Caille* a pû fournir l'idée de cette Piéce , qui étoit d'abord en 5 Actes & qui fut refufée , ce qui porta l'Auteur à la réduire à trois. Elle

eſt ſouvent repriſe & toujours avec ſuccès.

MARIAGE FORCE', (LE) *Comédie
en un Acte en Proſe de Moliere*. Repréſentée d'abord devant le Roi au Louvre , avec des Divertiſſemens le 29 &
le 31 Janvier 1664. & à Paris dans la
même année ſur le Théâtre du Palais
Royal avec des changemens & ſans Divertiſſemens , le 15 Février & non le
15 Novembre , comme le diſent preſque
toutes les éditions de *Moliere*. Cette Piéce
a été repriſe pour la premiere fois le 8
Juillet 1672. avec la COMTESSE D'ESCAR-
BAGNAS , & elle eut 8 repréſentations.
Une avanture arrivée entre un Seigneur
François & les freres d'une Demoiſelle
a donné lieu à cette Comédie : un Anonyme l'a miſe en Vers , & l'a fait imprimer en 1676 *in*-12.

MARIAGE , (LE TRIPLE) *Comédie
en un Acte en Proſe , de M Deſtouches,
avec un Divertiſſement dont la Muſique*

eſt de Gilliers. Donnée le 7 Juillet 1716. eut 7 repréſentations, & a été imprimée dans la même année *in-*12. Plaiſante & vivement dialoguée : elle fut faite ſur une avanture arrivée à Paris entre M. de *St Aul* ... ſa fille & ſon fils. Elle a toujours été repriſe avec une pleine réuſſite.

MARIANNE, (HERODE ET) *Tragédie de M. de Voltaire.* Donnée d'abord le 6 Mars 1724. ſous le titre de MARIANNE. L'Auteur la retira après la premiere repréſentation, parce que le tumulte avoit été ſi grand qu'elle avoit été à peine entenduë. Il en apprend la cauſe dans ſa Préface : au moment que l'Actrice portoit la coupe à ſes lévres, un mauvais plaiſant s'écria du Parterre : *La Reine boit.* L'année ſuivante le 10 Avril 1725. on la reprit avec de ſi heureuſes corrections, qu'elle eut un grand ſuccès & dix-ſept repréſentations. A la ſeconde repriſe le 18 Août de la même année 1725. elle fut encore jouée ſix fois: elle a été imprimée *in-*8°. en 1730.

MARIE' SANS LE SÇAVOIR (LE)
Comédie en 1 *Acte en Profe.* Donnée le
8 Janvier 1739. eut 6 repréfentations,
& a été imprimée *in-*12. dans la même
année. Elle avoit été d'abord jouée à
Fontainebleau le 22 Octobre 1738.

MAXIMIEN, *Tragédie de M. de la
Chauffée.* Mife au Théâtre le 28 Février
1738. eut 22 repréfentations. Cette Piéce
eut beaucoup de fuccès. L'Auteur ne
fe découvrit qu'après quelques repréfentations. A la clôture du Théâtre elle en
eut onze ; à la rentrée elle fut reprife
avec le FAT PUNI, Piéce nouvelle, &
elle en eut encore autant, en tout vingt-
deux repréfentations. Elle a été imprimée en 1738. *in·*12.

MECHANT (LE) *Comédie en* 5 *Actes en Vers, de M. Greffet.* Jouée le 28
Février 1747. eut 24 repréfentations &
a été imprimée *in·*12. dans la même
année ; eut du fuccès. On admira furtout la maniere fupérieure dont elle eft

écrite. Depuis la premiere repréſentation juſqu'au 18 Mai elle fut jouée 13
fois : elle fut repriſe le 13 Novembre de
la même année, & eut encore onze repréſentations. Elle a été repriſe avec
ſuccès.

MECONTENS, (LES) *Comédie en un
Acte*, *de M. de la Bruerre*. Jouée le
premier Décembre 1734. eut 9 repréſentations, & a été imprimée *in* 12. en
1735. Le Prologue & le Divertiſſement
dont la Muſique eſt de *Mouret* réuſſi-
rent beaucoup. On trouva le Vaudeville
de la fin fort joli, & le refrein très-
heureux. Cette Piéce étoit d'abord en
3 Actes, l'Auteur la réduiſit en un aux
repréſentations ſuivantes, & le change-
ment fut applaudi.

MEDECIN MALGRE' LUI, (LE)
Comedie en 3 *Actes*, *de Moliere*. Donnée le 6 Août 1666. & imprimée en 1682.
in 12. Cette Piéce eſt compoſée du FA-
GOTEUX & de quelques autres Farces de

l'Auteur. Elle eſt irréguliere par rapport au lieu de la Scene. Tout le monde ſçait qu'elle fut donnée à la quatriéme repréſentation du MISANTROPE, pour ſoutenir ce chef-d'œuvre.

MEDE'E , *Tragédie de Longepierre.* Miſe au Théâtre le 13 Février 1694. eut 13 repréſentations , & a été imprimée dans la même année *in-12.* Aſſez bien faite , le rôle principal eſt intéreſſant : elle fut d'abord froidement reçuë , mais elle ſe releva. On la reprit le 25 Septembre 1728. & elle eut 13 repréſentations. Mlle *Balicourt* y joua le rôle de *Medée* , & y fut très - applaudie. Mlle *Clairon* qui remplit aujourd'hui ce rôle le joue ſupérieurement.

MEDISANT , (LE) *Comédie en 5 Actes en Vers, de M. Deſtouches.* Jouée le 20 Février 1715. eut 14 repréſentations & fut imprimée *in-12.* dans la même année , elle eut du ſuccès, & on la rejouë ſouvent. A la repriſe du 18 Janvier 1730, Mlle *Dangeville* débuta avec beaucoup d'applaudissemens, & annonça d'abord les talens supérieurs qu'elle a fait voir depuis, & que l'on admire tous les jours.

MELANIDE , *Comédie en 5 Actes en Vers, de M. de la Chaussée.* Donnée le 12 Mai 1741. eut 16 représentations & a été imprimée *in*-12. dans la même année. Très-intéressante , eut beaucoup de succès, & fut jouée supérieurement.

MELEAGRE , *Tragédie de M. de la Grange Chancel.* Mise au Théâtre le 28 Janvier 1699. eut 10 représentations & a été imprimée *in*-12. dans la même année. Le rôle de *Dejanire* est passable, mais la versification de la Piéce est trop négligée.

MENECMES (LES) *Comédie en 5 Actes en Vers avec un Prologue , de Regnard.* Représentée le 4 Décembre 1705. eut 16 représentations. Elle est tirée de

Plaute, elle a toujours eu du succès à ses fréquentes reprises. Le Prologue a été supprimé dès les premieres.

MENTEUR (LE) *Comédie en 5 Actes en Vers*, *de P. Corneille*. Jouée en 1642. & imprimée *in-4°*. en 1643. Tirée de l'Espagnol de *Don Lope de Vega*. Cette Piéce eut un grand succès dans sa nouveauté, & donna le ton de la bonne Comédie.

MERE COQUETTE (LA) *Comédie en 5 Actes en Vers*, *de Quinault*. Mise au Théâtre en 1665. & imprimée *in-12*. dans la même année. Cette Piéce a toujours été regardée comme une des meilleures Piéces d'intrigue qui soit au Théâtre. Elle eut un plus grand succès à la reprise que dans la nouveauté. On la donne souvent, & elle est toujours revuë avec le même plaisir.

MEROPE, *Tragédie de M. de Voltaire*. Jouée le 20 Février 1743. eut 15

repréſentations & a été imprimée *in 8°.*
en 1744. Cette Piéce fut reçuë avec
tranſport. On fit à l'Auteur un honneur
inoui juſqu'alors. On demanda à le voir
à la fin de la repréſentation. Il fut obligé de ſe montrer, & ſa préſence redou-
bla encore les acclamations. Elle fut repriſe le 3 Février 1744. & eut 14 repréſentations. On la revoit toujours avec le
même plaiſir. Mademoiſelle *Dumeſnil*
jouë ſupérieurement le rôle de *Mérope.*

METAMORPHOSE AMOUREUSE
(LA) *Comédie en 3 Actes en Proſe, de
Legrand.* Donnée le 6 Juillet 1711. eut
11 repréſentations & a été imprimée *in-
12.* en 1712. Divertiſſante, mais dans le
bas comique. On la reprend de tems en
tems.

METEMPSICOSE (LA) *Comédie en
3 Actes en Vers libres, de M Yon avec
un Prologue entre Pythagore & Momus.*
Jouée le 15 Mai 1752 non encore imprimée. Penſa tomber à la premiere re-

préfentation ; mais la perfection avec laquelle Mlle *Dangeville* joua le rôle de *Therefe* dédommagea fi bien le Public que les repréfentations en furent continuées. A la feconde le Prologue fut fupprimé , à la troifiéme elle fut réduite en 1 Acte , & après la fixiéme, l'Auteur la retira.

METROMANIE (LA) *Comédie en 5 Actes en Vers , de M. Piron.* Mife au Théâtre le 10 Janvier 1738. eut 23 repréfentations , & a été imprimée *in-12.* en 1741. Elle eft ingénieufe , charmante , & d'un excellent comique tiré du fond du fujet. On la revoit toujours avec le même plaifir. Les Poëfies de *Desforges Maillard* imprimées dans le *Mercure* fous le nom de Mlle *Malcrais de la Vigne* , ont fourni ou pour mieux dire donnée l'idée de cette jolie Piéce. Elle fut parfaitement jouée ; *Sarazin* fait un plaifir infini dans le rôle du *Capitoul,* qu'il joue fupérieurement.

MISANTROPE, (LE) *Comédie en 5 Actes en Vers, de Moliere.* Donnée le 4 Juin 1666. n'eut que 4 repréfentations, & a été imprimée en 1667. *in* 12. Chef-d'œuvre de l'art, dont les nuances étoient trop fines pour des fpectateurs accoutumés à des couleurs plus fortes. Cette belle Piéce eut un foible fuccès à la premiere repréfentation, & en eut encore moins dans les fuivantes, après la quatriéme, *Moliere* la retira & la fit reprendre un mois après avec LE MEDECIN MALGRE' LUI. Elle fut alors écoutée, on rougit d'avoir héfité & elle fut trouvée inimitable. La Farce qui avoit opéré cette heureufe révolution fut retirée. Enfin le MISANTROPE fut joué pendant plus de trois mois, & dans les fuites on ne fe laffa pas de revoir un ouvrage fi parfait.

MITHRIDATE, *Tragédie de Racine.* Repréfentée en 1673. & imprimée *in-* 12. dans la même année. Le caractère de *Mithridate* eft foutenu avec autant de force que de dignité ; celui de *Mo-nime* n'eſt pas moins beau. Cette Piéce eſt un des Chef-d'œuvres de ſon illuſtre Auteur, & c'eſt une de celles qui a eu le plus de ſuccès.

MOMUS FABULISTE ou LES No-CES DE VULCAIN, *Comédie en 1 Acte en Proſe , de Fuzelier.* Suivi d'un Di-vertiſſement dont la Muſique eſt de *Quinault.* Miſe au Théâtre le 26 Sep-tembre 1719. eut 30 repréſentations & a été imprimée in-8°. dans la même an-née. Cette Piéce eut un ſuccès prodi-gieux. C'eſt une critique fine & délica-te des Fables de la Motte. L'Auteur garda l'Anonyme juſqu'à la vingtiéme repréſentation malgré les applaudiſſe-mens qu'on donnoit à ſa Piéce. La rai-ſon qu'il en donne dans ſa Préface eſt bien ſenſée ; il ſeroit à déſirer qu'un exemple auſſi ſage fût plus ſouvent imité.

MOULIN DE JAVELLE, (LE) *Co-médie en un Acte en Proſe , de Dancourt,* avec un *Divertissement dont la Musique est de Gilliers.* Donnée le 7 Juillet 1696. eut 28 représentations, & a été imprimée *in*-12. dans la même année Très-plaisante, & écrite avec autant de gayeté que de légéreté.

* MUSTAPHA & ZEANGIR, *Tragédie de Belin.* Jouée le 20 Janvier 1705. eut 16 représentations, & a été imprimée *in*-12. dans la même année Tirée du Roman intitulé l'*Illustre Bassa* de Mlle *de Scuderi* : cette Piéce est foible & dut sa réussite à l'opinion répanduë que Madame la Duchesse *de Bouillon* y avoit travaillé. A la reprise du 8 May de la même année elle ne fut jouée que deux fois.

MUET (LE) *Comédie en* 5 *Actes en Prose, de l'Abbé Brueys.* Mise au Théâtre le 22 Juin 1691. eut 11 représentations & a été imprimée *in*-12. dans la même année. Cette Piéce est tirée de Terence, & *Palaprat* y a aussi travaillé.

lé. Elle eſt bien faite, écrite légérement. *M. Grandval* y joué à ravir.

NANINE, *Comédie en* 3 *Actes, de M. de Voltaire.* Donnée le 16 Juin 1749. eut 12 repréſentations, & a été imprimée *in-*12. dans la même année. Touchante & comique, eut du ſuccès. Le ſujet eſt tiré du Roman de *Pamela.* Il n'y a que l'ENFANT PRODIGUE & cette Piéce qui ayent été faites en Vers de dix ſyllabes depuis *Corneille.*

NAUFRAGE (le) OU LA POMPE FUNEBRE DE CRISPIN, *Comédie en* 1 *Acte en Vers de Lafont, avec un Divertiſſement, dont la Muſique eſt de Gilliers.* Jouée le 14 Juin 1710. & a été imprimée *in-*12. dans la même année. Tirée des *Mille & une nuit.* Aſſez plaiſante. Elle attira beaucoup de monde aux premieres repréſentations.

NEGLIGENT (le) *Comédie en* 3 *Actes en Proſe & Prologue, de Dufrény.* Donnée le 17 Février 1692. eut 9 repré-
G

sentations & a été imprimée *in* 12. en 1728. Le dialogue en est agréable & le caractere assez bien soutenu.

NICOMEDE, *Tragédie de P. Corneille.* Représentée en 1652. & imprimée *in* 4°. dans la même année. Le rôle principal est neuf & hardi. On le reprend de tems en tems. M. *Joli* dans son Avertissement des Poëmes Dramatiques de *Pierre Corneille* dit que la liberté qui fut accordée aux Princes dans le tems qu'on jouoit NICOMEDE en augmenta le succès ainsi que quelques vers qui donnerent matiere à des applications.

NOUVEAU MARIE' (LE) *Comédie en* 1 *Acte en Vers, de Montfleury.* Jouée en 1673. eut 29 représentations , & a été imprimée dans la même année. C'est le premier Intermede de l'AMBIGU COMIQUE. Cette petite Piéce est médiocre & sans action.

NOUVEAU MONDE (LE) *Com*

die en 3 *Actes en Vers* , *de l'Abbé Pel-*
legrin avec Prologue & Divertiffement ,
dont la Mufique eft de Quinault. Mife
au Théâtre le 11 Septembre 1722. eut
14 repréfentations , & a été imprimée
in-12. en 1723. Elle eft écrite en Vers
libres faits avec beaucoup de facilité &
d'agrémens. Le fujet en eft allégorique.
On a ignoré pendant longtems le nom
de l'Auteur. L'Abbé *Pellegrin* s'eft at-
tribué cet Ouvrage , & il n'y a pas
d'apparence qu'il en ait impofé. Cette
Comédie fit un plaifir infini , & fes reprifes en ont toujours été heureufes. Celle
du mois de Juin 1746. réuffit beaucoup. Il
y avoit dans la nouveauté de cette Piéce
une Scéne de Poëte qui a été fupprimée.

NOUVEAUTE' (la) *Comédie en* 1
Acte en Profe , *de Legrand, avec un Di-*
vertiffement. Donnée le 13 Janvier 1727.
eut 13 repréfentations , & a été imprimée *in-12.* dans la même année. Elle
penfa tomber à la premiere repréfentation. La Scene d'Opéra fans parole qui

plut beaucoup & qui parut neuve la releva. On la reprend souvent & on la re-
çoit avec plaisir.

NOUVEAUX DEBARQUE'S, Co-
médie en 1 Acte en Profe, de Legrand.
Jouée avec la FRANÇOISE ITALIENNE
le 5 Novembre 1725. *Voyez* IMPROMP-
TU DE LA FOLIE.

* OBSTACLE IMPREVU (L') *ou*
L'OBSTACLE DES OBSTACLES, *Comédie
en 5 Actes en Profe , de M. Deftouches.*
Donnée le 18 Octobre 1717. eut 6 repréfentations & a été imprimée *in-12.*
l'année fuivante. Reprife avec des corrections le 18 Juillet 1735. & fut jouée
cinq fois.

* ŒDIPE , *Tragédie de P. Corneille.*
Repréfentée en 1659. & imprimée *in-12*
dans la même année. Le mauvais fuccès
de PERTHARITE ayant dégouté *Corneille*
du Théâtre , M. *Fouquet,* Amateur &
Protecteur des Lettres engagea fept ans

après ce grand homme de rentrer dans la carrière, & lui donna le Sujet d'Oe-DIPE. Cette Tragédie eut beaucoup de succès, & en a eu pendant longtems à ses reprises.

ŒDIPE, *Tragédie de M. de Voltaire*. Mise au Théâtre le 18 Novembre 1718. eut 30 représentations, & a été imprimée *in*-8°. dans la même année. C'est le coup d'essai le plus admirable dont on ait eu jamais connoissance. Il fut aisé de prévoir ce que deviendroit l'Auteur, & il a bien justifié depuis l'opinion qu'on en avoit conçue. il n'a-voit que 18 ans quand il la composa. Le rôle d'*Oedipe* commença la réputation de *Dufresne*, qui étoit au même âge. Depuis cette Tragédie, on n'a repris OEDIPE de *Corneille* que pour le début de *Sarazin*.

* ŒDIPE , *Tragédie de la Motte*. Jouée le 18 Mars 1726. eut 6 représen-tations, & a été imprimée *in*-8°. en

1730. Cette Piéce avoit d'abord été compoſée en Proſe. L'Auteur la mit en Vers
pour la donner au Théâtre. Elle eſt rai-
ſonnable, mais froide. L'épiſode eſt in-
génieuſe, & plus naturelle que celle des
autres Œdipe.

ORACLE (l') *Comédie en* 1 *Acte en*
Proſe, de M. de Saint Foix. Miſe au
Théâtre le 22 Mars 1714. eut 22 repréſentations, & a été imprimée *in-8°.* dans
la même année. Piéce dans un goût
nouveau qui eut un grand ſuccès, l'une
de celles qu'on reprend le plus ſouvent
& qui eſt revue avec le plus de plaiſir.
Elle eut 7 repréſentations avant Pâques,
fut repriſe le 2 Mai, & le 16 du même
mois on y ajouta un Divertiſſement. A
cette repriſe elle eut 15 repréſentations,
& elle fut rejouée encore pluſieurs fois
dans la même année, & toujours avec
le même ſuccès. Mle *Gauſſin* y joua
avec une naïveté & une fineſſe dont on
n'avoit point eu juſqu'alors d'exemple.

ORESTE & PILADE , *Tragédie de
M. de la Grange-Chancel.* Donnée le 11
Décembre 1697. eut 10 repréfentations,
& a été imprimée en 1698. *in-12.* elle
fut interrompuë par la mort de Mlle de
Champmeflé qui y jouoit le rôle d'*Iphi-
génie* : elle a été reprife le 16 Mai 1722.
& fut jouée 8 fois : elle a été remife au
Théâtre depuis ce tems-là.

ORESTE, *Tragédie de M. de Voltaire.*
Mife au Théâtre le 12 Janvier 1750. eut
9 repréfentations , & a été imprimée dans
la même année *in-12.* Imitée de celle de
Sophocle ; on trouva à la premiere repréfentation cette imitation pouffée trop
loin dans le cinquiéme Acte. L'Auteur
en refit un nouveau en deux jours , &
redonna la Piéce qui fut jouée avec ap-
plaudiflement ; mais il la retira après la
neuviéme repréfentation pour remplir la
parole qu'il avoit donnée à M. *Deftouches* de laiffer jouer la fienne , intitulée :
LA FORCE DU NATUREL.

ORGUEIL (LA COMTESSE d') Comé-

die en 5 *Actes en Vers*, *de Th. Corneille.*
Repréfentée en 1670. & imprimée *in*-12.
dans la même année. Plaifante, mais le
ftyle en eft commun.

ORIGINAUX (LES) *Comédie en* 1
Acte en Profe, *de M. Fagand.* Joüée
le 18 Juillet 1737. avec l'INQUIET &
L'ETOURDERIE, eut 18 repréfentations,
& a été imprimée *in*-12. dans la même
année. *Voyez* CARACTERES DE THALIE.

OTHON, *Tragédie de P. Corneille.*
Repréfentée d'abord au mois de Juillet
1664. & à Paris le 6 Novembre de la
même année, imprimée en 1665. *in*-12.
Le Maréchal de *Gramont*, grand-pere
du dernier Maréchal de ce nom, difoit
à l'occafion de cette Piéce : *Corneille eft*
le Breviaire des Rois. Ce grand homme
a peint dans cette Tragédie la corruption
de la Cour des Empereurs du même pin-
ceau dont il avoit peint les vertus de la
République.

PARISIENNE, (LA) *Comédie en un*

Acte en Prose , de Dancourt. Mise au Théâtre le 13 Juin 1691. eut 9 repréfen-tations , & a été imprimée dans la même année *in*-12. Le fujet peu décent , mais le dialogue vif & comique.

PASTOR FIDO , *Paftorale héroïque en 3 Actes en Vers libres , de l'Abbé Pellegrin.* Donnée le 7 Septembre 1726. eut 9 repréfentations , & a été imprimée dans la même année *in* 8°. Elle eft affez bien écrite , mais un peu froide : elle eft imitée du *Guarini.* On admira la ma-niere dont la fameufe penfée de l'Auteur Italien eft renduë dans un feul Vers.

PELO E'E , *Tragédie de l'Abbé Pel-legrin.* Jouée le 18 Juillet 1733. eut 16 repréfentations , & a été imprimée *in*-8°. dans la même année , eut du fuccès & a toujours été regardée comme la meil-leure Piéce de l'Auteur.

PENELOPE , *Tragédie de l'Abbé Geneft* M fe au Théâtre le 22 Janvier Janvier 1684. eut 6 repréfentations , & a

été imprimée *in*-12. en 1703. Intéreffante ; la reconnoiffance d'*Ulyffe* & de
Penelope auffi intéreffante que bien ame-
née. Cette Piéce eut cependant fort peu
de fuccès dans fa nouveauté, mais dans
les reprifes on lui a rendu la juftice qu'elle méritoit.

* PHARAMOND , *Tragédie de M.*
de Cahuzac. Jouée le 14 Août 1736 eut
11 repréfentations , & a été imprimée
in-12. dans la même année. On applau-
dit à ce coup d'effai de l'Auteur. Quoique le nom de la Piéce foit entierement
connû , le fujet eft entierement d'invention.

PHEDRE & HYPPOLITE, *Tragédie de*
Racine. Mife au Théâtre le premier de
Janvier 1677. imprimée *in*-12. dans la
même année. Admirable. Le Rôle de
Phédre eft un chef-d'œuvre. Une caba-
le formée par des perfonnes de diftinc-
tion penfa faire tomber cette excellente
Piéce à la feconde repréfentation. C'eft

la derniere Tragédie que *Racine* ait faite pour le Théâtre François.

PHILANTROPE, *ou* L'AMI DE TOUT LE MONDE, *Comédie en 1 Acte en Prose, de Legrand.* Donnée le 19. Février 1724. eut 17 représentations & a été imprimée *in-12.* dans la même année. Elle étoit d'abord en 3 Actes, elle a été réduite en 1 avec l'addition d'un Divertissement. C'est une Piéce de Scènes détachées, dont quelques-unes sont assez plaisantes.

PHILOSOPHE MARIE' (LE) *Comédie en 5 Actes en Vers, de M. Destouches.* Mise au Théâtre le 15 Février 1727. eut 36 représentations, & a été imprimée *in-8°.* dans la même année ; eut le plus grand succès. C'est la Piéce de l'Auteur qu'on jouë le plus souvent. Elle eut vingt représentations avant Pâques, six après, & dix dans le cours de l'année.

PHILOSOPHES AMOUREUX, (LES)

Comédie en 5 Actes en Vers, de M. Destouches. Jouée le 16 Novembre 1729. n'eut qu'une représentation, & a été imprimée en 1730. *in* 12.

* PIRAME & THISBE', *Tragédie de Pradon* Représentée en 1674 & imprimée *in* 12. dans la même année. Il s'y trouve quelques Scènes touchantes. Les ennemis de *Racine* la firent valoir, & c'est à cet esprit de cabale que l'on doit attribuer la réussite de cette Piéce. On en a la preuve dans la reprise de l'année 1709. où elle fut donnée sans aucun succès.

PIRRHUS Roi d'Epire, *Tragédie de M. de Crébillon.* mise au Théâtre le 29 Avril 1726. eut 16. représentations, & a été imprimée *in*-8°. dans la même année. Même sujet que la Tragédie de *Th. Corneille* au même titre, mais bien mieux traité : elle fut très applaudie.

PLUTUS, *Comédie en 3 Actes en Vers*, de Legrand. Jouée le premier de

Février 1720. eut 16 repréſentations, &
a été imprimée *in*-12. dans la même
année. Piéce à Scènes épiſodiques, d'un
comique foible, qui eut pourtant du ſuccès
à cauſe des circonſtances. On retrancha
après la premiere repréſentation le Divertiſſement dont les couplets rouloient
ſur le ſyſtême qui faiſoit alors tant de
bruit.

POLIEUCTE , *Tragédie Sainte de
P. Corneille.* Repréſentée en 1640. &
imprimée *in*-4°. en 1641. Admirable.
L'Auteur avant de donner ſa Piéce en
fit une lecture au fameux Hôtel de
Rambouillet, où elle fut généralement
condamnée. Cette avanture l'avoit entierement découragé, & peut être au-
roit-on été privé de ce chef-d'œuvre de
l'Art ſans un vieux Comédien nommé
la Roque, qui jugea mieux que l'Hôtel
de Rambouillet, & qui perſuada à *Corneille* de donner ſon ouvrage.

POLIXENE , *Tragédie de la Foſſe*

Jouée en 1696. le 3 Février. Eut 17 repréſentations, & a été imprimée *in-12*.
dans la même année. Coup d'eſſai de
l'Auteur qui fut fort applaudi. M. le
Dauphin honora de ſa Préſence la ſeconde repréſentation de cette Piéce, &
fit donner cent Louis aux Comédiens,
valant alors 1400 liv. Elle a été repriſe
depuis, mais avec peu de ſuccès.

POMPE'E (LA MORT DE) *Tragédie*
de P. Corneille. Repréſentée en 1641.
& imprimée *in-4ª*. en 1644. Parfaitement belle, pleine d'élévation & digne
de ſon Auteur. Le caractere de *Cornelie*
eſt admirable, & elle a toujours été repriſe avec ſuccès.

PORT DE MER (LE) *Comédie en*
1 *Acte en Proſe avec un Divertiſſement,*
de Boindin. Donnée le 29 Mai 1704,
eut 19 repréſentations, & a été imprimée *in-12* dans la même année. Plaiſante, fut très-applaudie. C'eſt une des
petites Piéces de l'Auteur où *la Motte*
ſon ami a eu part.

POURCEAUGNAC (Monsieur de)
Comédie en 3 Actes en Prose, *de Molie-*
re. Jouée d'abord à Chambord le 15
Novembre de la même année, & a été
imprimée *in-12.* en 1682. Dans ses représentations devant le Roi elle fut donnée avec un Divertissement dont le célèbre *Lully* fit la Musique, & dans lequel il dansa & joua du violon. C'est à
la représentation de cette Piéce que la
Troupe de *Moliere* prit le titre de la
Troupe du Roi.

PRECIEUSES RIDICULES (LES)
Comédie en un Acte en Prose, *de Molie-*
re. Mise au Théâtre le 18. de Novembre 1659. & imprimée *in.*12. en 1660.
Elle eut un succès surprenant & fut jouée
pendant quatre mois de suite. L'affluen-
ce des Spectateurs fut si grande que les
Comédiens prirent le double du prix
ordinaire dès la seconde représentation ;
elle contribua à corriger le ridicule qui
étoit en regne, & quoiqu'à présent il
n'existe plus & que la Piéce soit en

quelque forte fans objet, elle eft reprife fort fouvent, & on la revoit toujours avec plaifir.

PREJUGE' A LA MODE (LE) *Comédie en 5 Actes en Vers, de M. de la Chauffée.* Jouée le 3 Février 1735. eut 20 repréfentations, & a été imprimée *in-*12. dans la même année. Piéce de caractère & d'intrigue qui attira de nombreufes affemblées & qui eut un grand fuccès. Elle fut reprife avec la même réuffite le 18 Décembre de la même année, & depuis ce tems on la rejouë fouvent, & elle eft toujours revuë avec le même plaifir.

PREJUGE' VAINCU (LE) *Comédie en 1 Acte en Vers, de M. de Marivaux.* Donnée le 6 Août 1746. eut fept repréfentations, & a été imprimée en 1747. *in-*8o. L'Auteur garda l'Anonyme, mais il fut reconnu au ton fpirituel du dialogue. Mlle *Dangeville* y joua fupérieurement. Cette Piéce a toujours été reprife avec fuccès.

PRINCESSE

PRINCESSE D'ELIDE (LA) ou LES PLAISIRS DE L'ISLE ENCHANTE'E , Comédie en 5 Actes en Profe & en Vers, de Moliere, avec Prologue & des Divertiſſemens dont la Muſique eſt de Lully. Repreſentée d'abord à Verſailles le 8 Mai 1664. & à Paris ſur le Théâtre du Palais Royal le 9 Novembre de la même année, où elle eut 23 repréſentations. Elle a été imprimée *in* 12. en 1682. Le premier Acte & la premiere Scene du ſecond, ſont en Vers, & le reſte de la Comédie eſt en Proſe. Elle eſt tirée d'une Piéce Eſpagnole qui a pour titre : *El deſden con el deſden* ; & cette imitation, entre les mains de *Moliere*, eſt devenue un excellent Original. Le caractere de la Princeſſe d'*Elide* eſt puiſé dans le ſentiment & dans la belle nature, & l'on ne peut rien de plus ingénieux & de plus adroit que les moyens que l'Auteur a employés pour mettre en action tous les Perſonnages de ſa Piéce.

PROCUREUR ARBITRE (LE)

H

Comédie en 1 Acte en Vers, de *Poisson*, Mise au Théâtre le 25 Février 1728. eut 16 représentations & a été imprimée *in-12.* dans la même année. Piéce de Scènes détachées, parmi lesquelles il y en a de fort jolies. Il y a plus d'objet & de suite qu'il n'y en a ordinairement dans les Ouvrages de ce genre. Elle a toujours été reprise avec succès.

PSICHE', *Tragédie-Ballet, en 5 Actes en Vers libres.* Représentée au Palais des Thuilleries pendant le Carnaval de 1671. & sur le Théâtre du Palais Royal le 11 Novembre de l'année suivante, où elle eut 32 représentations, a été imprimée *in-12.* en 1673. J'ai suivi les Regiftres de la Comédie pour la date de la représentation de cette Piéce au Palais Royal, & non les Editions des Œuvres de *Corneille* qui la placent le 25 Juillet 1671. Cette Tragicomédie est l'ouvrage de deux grands hommes : *Moliere* étant preffé par les ordres du Roi ne put mettre en vers que le premier

'Acte & les deux premieres Scenes du second & du troisiéme Acte, *Corneille* fit le reste. La déclaration d'amour toujours trouvée si belle, est de ce célèbre Auteur ; il avoit pourtant alors plus de 60 ans. *Quinault* fit les paroles chantantes à la réserve de la plainte Italienne qui est de *Lully*, ainsi que la Musique de la Piéce.

PULCHERIE, *Comédie Héroïque en 5 Actes en Vers de Pierre Corneille*. Représentée au mois de Novembre 1672, & a été imprimée *in*-12 en 1673. Le cinquiéme Acte n'est pas sans intérêt. La Piéce débute par des Vers admirables. On prétend que *Corneille* s'est peint dans le Rôle de *Martian*, & qu'il fut obligé de faire jouer sa Comédie par la Troupe du Marais, qui n'étoit pas en réputation, parce que l'Hôtel de Bourgogne étoit livré à *Racine*.

PUPILLE (LA) *Comédie en 1 Acte en Prose, de M. Fagand, avec un Diver-*

tissement dont la Musique est de Mouret. Mise au Théâtre le 5 Juillet 1734. eut 23 représentations & a été imprimée in-8°. en 1734. eut le plus grand succès. Les applaudissemens furent partagés entre l'Auteur & les Acteurs qui y jouerent supérieurement. La PUPILLE est un de ces rôles où Mlle *Gaussin* n'a point eu de modèle & où l'on peut dire qu'elle ne sera jamais remplacée. On a toujours repris cette Piéce avec succès.

* RAGOTIN ou LE ROMAN COMIQUE, *Comédie en* 5 *Actes en Vers, de la Fontaine*. Donnée le 12 Avril 1684. eut 9 représentations, & a été imprimée in-12. en 1716. L'Auteur a tiré cette Piéce du Roman de ce nom, mais il a mal imité la bonne plaisanterie de son modèle. Elle est imprimée à *Leyden* en Hollande.

RECONCILIATION NORMANDE (LA) ou LE PROCEZ DE FAMILLE, *de Dufrény. Comédie en* 5 *Actes en Prose*

Donnée le 7 Mars 1719. eut 12 représentations, & a été imprimée *in-12* dans
la même année. Divertissante, remplie
de saillies, un peu découluë, l'intrigue
embrouillée, mais des Scènes charman-
tes. Ses reprises en ont toujours fait plaisir. Son premier nom étoit le PROCEZ DE
FAMILLE. Outre les Piéces de l'Auteur
qui ont été déjà portées dans le grand
Dictionnaire, on sait que les Piéces suivan-
tes qui n'ont pas été imprimées ni re-
présentées font partie de ses ouvrages.
Le PORTRAIT *en 1 Acte*, les DOMINO
en 1 Acte & LE VALET MAITRE *en 5
Actes en Vers. Voyez* JOUEUSE *dans les
Tablettes Dramatiques, page* 133. *du
Dictionnaire.*

REGULUS, *Tragédie de Pradon.* Mise au Théâtre le 4 Janvier 1688. eut 28
représentations, & a été imprimée *in-*
12 en 1700. eut un grand succès. L'ex-
position du Sujet est bien faite, le qua-
trième Acte intéressant, & le reste assez
bon. Elle fut reprise le 25 Juin de la

même année, & eut encore 4 repréſentations. On la remet de tems en tems.

RENDEZ-VOUS, (LE) ou L'AMOUR
SUPPOSE', *Comédie en 1 Acte en Vers*,
de M. Fagand. Jouée le 27 Mai 1733.
eut 11 repréſentations & a été imprimée
in 8o. dans la même année. Premiere
Piéce de l'Auteur, joliment intriguée,
elle eut beaucoup de ſuccès.

RETOUR IMPREVU (LE) *Comé-*
die en 1 Acte en Proſe, de Regnard.
Donnée le 11 Février 1700. eut 8 repréſentations & a été imprimée *in* 12. dans
la même année. Divertiſſante & d'un bon
comique. *Pierre Larrivey* ancien comique, a fait uſage de ce ſujet dans ſa
Comédie intitulée LES ESPRITS, & *Mont-*
fleury l'a employé pour le premier Acte
de ſon COMEDIEN POETE.

RHADAMISTE & ZENOBIE, *Tra-*
gédie de M. de Crébillon. Jouée le 11
Janvier 1711. eut 30 repréſentations, &
a été imprimée *in* 12. dans la même an-

née. Cette Piéce eut un très-grand succès. Elle est tirée du Roman de BERE-
NICE : Ouvrage assez rare qu'on croit
du même Auteur que TARSIS & ZELIE.
Il se fit deux Editions de cette Tragédie en huit jours, & trois dans le cours
de l'année. Elle eut dans sa nouveauté
23 représentations, & à sa reprise le 15
Mai de la même année elle fut encore
jouée sept fois; c'est une de celles qu'on
redonne le plus souvent.

RIVALE SUIVANTE (LA) *Comédie en 1 Acte en Vers, de Rousseau le
Moderne.* Jouée avec LES CONFIDENCES
RECIPROQUES & LE PLAISIR le 3 Août
1747. eut 6 représentations, & a été
imprimée *in-8º.* dans la même année.
Elle est sur le répertoire des Comédiens.

RIVAUX (LES TROIS FRERES) *Comédie en 1 Acte en Vers, de Procope.*
Donnée le 4 Février 1713. eut 12 représentations, & a été imprimée *in* 12. dans

la même année. Plaifante, d'un bon comique, on la rejouë quelquefois.

RODOGUNE, Princesse des Parthes, *Tragédie de P. Corneille* Repréfentée en 1644. & imprimée *in* 4°. en 1647. L'un des chef-d'œuvres de *Corneille*, qui eut le plus grand fuccès. Le cinquiéme Acte de la plus grande beauté, & la Piéce pour laquelle ce grand homme avoit le plus de prédilection. On la revoit toujours avec la même admiration.

ROME SAUVE'E, *Tragédie de M. de Voltaire.* Donnée le 24 Fevrier 1752. avec beaucoup de fuccès; eut 11 repréfentations, imprimée *in* 12. dans la même année. On a trouvé dans cette Piéce une grandeur & une force digne du célèbre Auteur de la *Henriade* & d'*Alzire*, & on y a furtout admiré la vérité avec laquelle il a peint les tems & les Perfonnages du Siècle dans lequel l'action s'eft paffée.

*RUSE INUTILE (LA) *Comédie en* 1 *Acte en Vers de M Rousseau le Moderne.* Mise au Théâtre le 6 Octobre 1749. eut 7 repréſentations, & a été imprimée *in* 8°. dans la même année L'indiſpoſition de Mlle *Conelle* a empêché qu'elle n'ait été repriſe à la rentrée.

*SABINUS, *ragédie de Richer.* Jouée le 29 Décembre 1734. tut jouée huit tois & a été imprimée *in* 8°. en 1735. La premiere repréſentation en fut ſi tumultueuſe que l'Auteur tut obligé de la retirer. Elle fut redonnée huit jours après avec des corrections & reçut des applaudiſſemens qui étoient plus pour les Acteurs que pour la Piéce. Elle a cependant de beaux endroits.

SAUL, *Tragédie de l'Abbé Nadal.* Mile au Théâtre le 17 Fevrier 1705. eut douze repréſentations & a été imprimée *in*-12. dans la même année. L'expoſition du ſujet de cette Piéce eſt trop chargée. Mlle *Deſmares* qui jouoit la *Pithonice,* contribua par ſa figure & par ſon jeu, à

l'espèce de succès que cette Tragédie eut
dans sa nouveauté. Elle a été reprise le
14 Avril 1735, & quoique Mlle *Balicourt* y jouât superieurement le même
rôle de la *Pithonice*, la Piéce n'eut
point de réussite. On trouve dans le
Mercure d'Avril de l'année de cette reprise, une lettre assez curieuse sur cé
sujet.

SCEVOLE, *Tragédie de du Ryer.* Représentée en 1646. & imprimée *in-*4°.
en 1647. Très-bien faite pour le tems,
& regardée alors comme le chef-d'œuvre de l'Auteur. Elle eut un succès prodigieux; elle est jouée encore quelquefois malgré son ancienneté.

SEMIRAMIS, *Tragédie de M. de
Crébillon.* Donnée le 10 Avril 1717. eut
7 représentations, & a été imprimée *in-*
12. dans la même année. Malgré toutes les Critiques qui parurent alors, il s'y
trouve des beautés dignes de son célèbre
Auteur. Elle fut retirée après la septiéme
représentation.

SÉMIRAMIS, *Tragédie de M. de Voltaire*. Mise au Théâtre le 29 Août 1748. eut du succès malgré la singularité du Spectacle contre lequel la cabale essaya en vain de révolter le Public. Elle eut 21 représentations, & a été imprimée *in 8°*. en 1749.

SERENADE (LA) *Comédie en 1 Acte en Profe, de Regnard*, avec un Divertissement dont la Musique est de l'Auteur, retouchée par *Gilliers*. Jouée le 3 Juillet 1694. eut 17 représentations, & a été imprimée *in-12.* en 1698. Plaisante, mais le comique un peu trop bouffon. Elle a été attribuée faussement à *Palaprat* dans l'Edition faite à la Haye dans la même année.

SERMENS INDISCRETS (LES) *Comédie en 5 Actes en Profe, de M. de Marivaux*. Donnée le 8 Juin 1732. eut 9 représentations, & a été imprimée *in-12.* dans la même année. Spirituelle & bien faite. La premiere représentation en fut si tumultueuse, que le cinquiéme Acte en fut à peine écouté. Elle fut interrompuë aprés la neuviéme représentation par l'indisposition d'un Acteur ; elle a été reprise depuis avec succès.

SERTORIUS, *Tragédie de P. Corneille*. Représentée en 1652 & imprimée *in* 12. en 1662. Pleine de grandeur & de politique, mais peu d'intérêt Elle eut une très-grande réussite.

SICILIEN (LE) *ou* L'AMOUR PEINTRE, *Comédie en* 1 *Acte en Prose, de Moliere*. Donnée au mois de Janvier 1667 dans le Ballet des Muses exécuté à S. Germain devant le Roi & à Paris sur le Théâtre du Palais Royal le 10 Juin de la même année. La finesse du dialogue, & une vive Peinture de l'amour font le mérite principal de cette Piéce, dont le dénouement a quelque ressemblance avec celui de l'ECOLE DES MARIS. La Musique du Divertissement de cette Piéce est de *Lully*.

SŒUR RIDICULE (LA) *Comédie en
5 Actes en Vers, de Montfleury.* Repréfentée en 1673, & imprimée *in-12.* en
1674 La même que le COMEDIEN POE-
TE à laquelle *T. Corneille* a auffi part,
excepté que le premier Acte qui donnoit à la Piéce le titre de COMEDIEN
POETE, a été retranché ne tenant qu'in-
directement aux quatre Actes fuivans.
Cet Acte a été imprimé féparément à
Troyes en Champagne, en 1698 *in-12.*
fous le titre de GARÇON INSENSIBLE,
& les quatre derniers Actes du COME-
DIEN POETE ont été remis au Théâtre le
premier Octobre 1732 fous le nom de
LA SŒUR RIDICULE, & ont été impri-
més à Caën en 1700 *in 12.* fous ce titre, LES AMANS INFORTUNE'S ET CON-
TENS *Voyez* COMEDIEN POETE, *dans les
Tablettes Dramatiques page 57. du Dictionnaire.*

SOLDAT (LE BON) *Comédie en 1 Acte en Vers de R. Poiſſon.* Mife au Théâtre
le 10 Octobre 1691, eut 8 repréfentations

& imprimée *in*-12 en 1698. tirée des FOUS DIVERTISSANS du même Auteur. Plaiſante & comique. Elle fut corrigée à ſa repriſé par *Dancourt*.

SOMNAMBULE (LE) *Comédie en* 1 *Acte en Proſe par un Auteur Anonyme*, Donnée le 19 Janvier 1739, eut 9 repréſentations & a été imprimée *in*-8°. dans la même année. Le rôle de SOMNAMBULE eſt fort plaiſant, & fut très-bien rendu par *Montmenil*, fils de *le Sage*. Elle fût jouée à la ſeconde repréſentation de la Tragédie de MEDUS.

★ SOPHONISBE, *Tragédie de P. Corneille*. Miſe au Théâtre le 18 Janvier 1663, & imprimée *in*-12 en 1664. trop médiocre pour une plume auſſi célébre. L'Auteur nous apprend lui-même dans ſa Préface ſon peu de réuſſite.

SOUPER MAL APPRESTE' (LE) *Comédie en* 1 *Acte en Vers, de Hauteroche*. Jouée le 15 Juillet 1669 & imprimée *in*-12. en 1670. Aſſez divertiſſante, mais le comique commun.

STILICON, *Tragédie de P. Corneille.*
Repréfentée en 1660 & imprimée *in-12.*
dans la même année. Bien conduite ; les
caracteres bien foutenus ; mais foible de
verfification ; reprife de tems en tems.

SURENA , General des Parthes,
Tragédie de P. Corneille donnée en 1674
& imprimée *in-12.* en 1675. *Elle eſt tirée de Plutarque & d'Appian Ale-
xandrin.* C'eſt la derniere Piéce de cet
inimitable Auteur & qui fe reſſent de ſa
décadence, quoiqu'il y ait des beautés
du premier ordre , & qu'on y recon-
noiſſe le ton d'un grand Maître.

SURPRISE DE L'AMOUR (la)
*Comédie en 3 Actes en Proſe , de M. de
Marivaux.* Mife au Théâtre le 11 Décembre 1727. eut 14 repréfentations , &
a été imprimée *in-12.* en 1728. Tomba
à la feconde repréfentation , & n'eut pas
d'abord le fuccès qu'elle méritoit. On
lui a rendu depuis une juſtice entiere.
On la reprend fouvent, & elle eſt tou-

jours applaudie. M. & Mlle *Grandval* y jouent supérieurement.

TAMⲈRLAN, *ou* LA MORT DE BA-JAZET, *Tragedie de Pradon*. Repréſen-tée en 1675 & imprimée *in-*12. en 1676. Foible, mais aſſez bien conduite, & les caracteres ſoutenus. Elle eut quelque ſuccès. *Dutillet* aſſure dans ſon *Parnaſſe François* qu'elle en eut un très-grand, & qu'on diſoit alors : L'HEUREUX TA-MERLAN *du malheureux Pradon.* Elle fut repriſe le 26 Novembre 1677. avec un grand ſuccès.

TARTUFFE (LE) *ou* L'IMPOSTEUR, *Comédie en* 5 *Actes en Vers de Molie-re ,* dont les trois premiers Actes turent d'abord joués à la ſuite des Fêtes de Verſailles, (ſixiéme journée) le 12 Mai 1664. devant le Roi & la Reine , & à Pa-ris ſur le Théâtre du Palais Royal le 5 Août 1667 : défenduë le lendemain ; re-priſe le 3 Février 1669. & continuée pendant trois mois de ſuite avec le plus grand

grand succès. C'est un des chef-d'œuvres de l'Auteur, contre lequel se gendarmèrent beaucoup les faux Dévots.

TEGLIS, *Tragédie de M. de Morand.* Mise au Théâtre le 19 Septembre 1735. eut 11 représentations, & a été imprimée *in-8°.* dans la même année. Elle avoit été d'abord représentée à l'Arsenal le 7 Avril 1734, avec un Prologue, devant Madame la Duchesse du Maine sous le nom de PIRRHUS & TEGLIS. C'est la premiere Piéce de l'Auteur, dont on conçut de grandes espérances, & dans laquelle on a trouvé l'art & la conduite qui caractérisent ses Tragédies.

TEMS PASSÉ (LE) *Comédie en 1 Acte en Prose, de Legrand.* Donnée le 18 Octobre 1724. eut 14 représentations & a été imprimée *in-12.* en 1725. *Voyez* TRIOMPHE DU TEMS.

THEBAIDE (LA) OU LES FRERES ENNEMIS, *Tragédie de Racine.* Représentée en 1664. eut 15 représentations, & a été imprimée *in*-12. L'Auteur étoit fort jeune quand il composa cette Piéce. La Scène du troisiéme Acte est bien faite, & le combat des deux Freres est fort bien rendu. *Voyez* FRERES ENNEMIS *dans les Tablettes Dramatiques, page* 106 *du Dictionnaire.*

THESE'E, *Tragedie de la Fosse.* Donnée le 5 Janvier 1700. eut 23 représentations, & a été imprimée *in*-12. dans la même année. Foible, mais a de beaux endroits; entre autres la sixiéme Scène du cinquiéme Acte. Il y a longtems que cette Piéce n'a été reprise.

* TINDARIDES, *Tragédie de Danchet* Jouée le 16 Décembre 1707. eut 12 représentations, & a été imprimée en 1708. *in*-12. Le Sujet en est beau, bien conduit, mais traité froidement.

TIRIDATE, *Tragédie de Campistron.* Mise au Théâtre le 11 Février 1691. eut 25 représentations & a été imprimée *in*-

12. dans la même année. Cette Piéce eft tirée du Livre des Rois, les noms changés & la Scène tranfpofée dans un autre pays. Bien faite, intéreffante, a toujours été reprife avec affez de fuccès.

TRIOMPHE DU TEMS (LE) *Comédie en 3 Actes en Profe, de Legrand, avec un Prologue & des Divertiffemens, dont la Mufique qui eft jolie, eft de Quinault.* Donnée le 18 Octobre 1724. eut 14 repréfentations, & a été imprimée *in-*12. en 1725. Cette Piéce eut un grand fuccès. Elle eft tirée des AMANS RIDICULES Comédie non-imprimée du même Auteur. Le premier Acte, LE TEMS PASSE'; le fecond Acte, LE TEMS PRESENT, & le troifiéme Acte LE TEMS FUTUR. Le premier Acte a été repris. Ils font portés tous trois dans le nouveau Répertoire des Comédiens imprimé cette année comme Piéces reftées au Théâtre.

TURCARET, *Comédie en 5 Actes en*

Profe, *de le Sage*. Jouée le 14 Février 1709. eut fept repréfentations, & a été imprimée *in-*12. dans la même année. Très-comique & très-divertiffante. Le ftyle en eft vif & leger. Le grand froid qu'il fit alors empêcha qu'elle n'eût le nombre de repréfentations qu'elle méritoit. Dans les premieres, on jouoit un Prologue d'une feule Scène entre *Don Cléophas & le Diable Boiteux* ; & la Piéce finie, les Acteurs de ce Prologue reparoiffoient & achevoient leur dialogue. Aux reprifes ce Prologue a été fupprimé.

TUTEUR, (LE) *Comédie en 1 Acte en Profe*, *de Dancourt*. Donnée le 13 Juillet 1695. eut 16 repréfentations, & a été imprimée *in-*12. dans la même année. Elle eft tirée du *Conte de la Fontaine*, intitulé *le Cocu battu*, *content*. Elle eft d'un comique vif & plaifant : on la reprend affez fouvent.

VACANCES (LES) *Comédie en 1 Ac-*

te en *Prose*, de *Dancourt*, avec un *Di-*
vertissement, *dont la Musique est de Gil-*
liers. Jouée le 31 Octobre 1696. eut 14
représentations, & a été imprimée *in-*
12. en 1697. Cette Piéce est bien écrite
& d'un Comique plaisant. On la reprend
fort souvent.

VALET MAISTRE (LE) *Comédie*
en 3 Actes en Vers, *de M. de Moissy*.
Donnée le 6 Octobre 1751. pendant le
voyage de Fontainebleau, eut 6 représentations, & a été imprimée dans la
même année *in-12*. Elle est dédiée à M.
le Dauphin.

VARON, *Tragédie de M. le Vicomte*
de Grave. Mise au Théâtre le 20 Décembre 1751. eut 16 représentations, & a
été imprimée en 1752. *in-12*. Cette Piéce
est bien conduite, les situations en sont
intéressantes, & le dénouement qui est
imprévu a été fort applaudi. Dans le
compliment qui fut fait à la clôture du
Théâtre, on y parla de cette Tragédie
avec éloge.   I iij

VENCESLAS, *Tragédie de Rotrou.*
Repréſentée en 1647 & a été imprimée
en 1648 *in-*4º. Eut un grand ſuccès : elle
a pu ſervir de modéle pour les grandes
beautés de la Tragédie auxquelles le
tems n'a rien fait perdre. Le rôle de
Ladiſlas eſt tout neuf, & ſuffiroit pour
faire connoître le génie de l'Auteur. *Ba-*
ron finit par ce rôle à ſa premiere ſortie
du Théâtre, & par celui de *Venceſlas* à
la ſeconde. Le ſujet de cette Piéce eſt tirée de *Don François de Roxas : on ne peut*
être pere & Roi.

VENDANGES DE SURESNE, (LES)
Comédie en un Acte en Proſe, de Dan-
court. Jouée le 17 Octobre 1695. avec
un Divertiſſement dont la Muſique eſt
de *Gilliers* Eut 37 repréſentations, & a
été imprimée dans la même année *in-*12.
Très-divertiſſante, mais dans le bas comique ; on la reprend ſouvent.

VENISE SAUVE'E, *Tragédie de M.*
de la Place. Miſe au Théâtre le 5 Dé-

cembre 1746. eut 15 repréſentations , &
a été imprimée en 1747. *in-*12. Tirée
de la Piéce Angloiſe d'OTWAI , traduite
par le même Auteur. Bien faite , eut
beaucoup de réuſſire : c'eſt le ſujet que
la Foſſe a déguiſé ſous le nom de *Man-*
lius. Roſeli harangua le Parterre avant
la Piéce , pour prévenir le Public ſur la
ſingularité du genre , auquel l'Auteur a
conſervé le caractére Anglois , ce que
la Foſſe n'avoit oſé faire.

VEUVAGE , (LE DOUBLE) *Comédie*
en 3 *Actes en Proſe , de Dufrény avec un*
Prologue & un Divertiſſement. Donnée
le 8 Mars 1702. eut 10 repréſentations ,
& a été imprimée dans la même année
in 12. Plaiſante , pleine d'eſprit , il y a
du chant dans pluſieurs Scenes. La Piéce
eſt terminée par une critique de l'Opéra.
Toute la Muſique qui ſe trouve dans la
Piéce eſt de l'Auteur : aux repriſes le
Prologue a été ſupprimé.

VISIONAIRES , (LES) *Comédie en* 5

Actes en Vers, *de Defmareft*. Repréſentée en 1637. & imprimée dans la même année *in-4°*. Réguliere & très - bonne pour le tems : elle eut un ſi grand ſuccès & tant de réputation, qu'on l'appelloit *l'inimitable Comédie*. C'eſt la premiere Piéce où l'on ait commencé de jouer les ridicules. A la repriſe elle ne réuſſit pas. On a voulu encore la remettre, mais elle a paru trop antique.

ULYSSE, (LA MORT D') *Tragédie de l'Abbé Pellegrin*. Donnée le 19 Décembre 1706. eut 13 repréſentations, & a été imprimée en 1707. *in-12*. Foible de verſification, a cependant quelques beaux endroits.

USURIER GENTILHOMME, (L') *Comédie en un Acte en Profe*, *de Le Grand*, *avec un Divertiffement dont la Mufique eft de Grandval le pere*. Miſe au Théâtre le 17 Septembre 1713. eut 27 repréſentations, & a été imprimée en 1731. *in-12*. Plaiſante, mais l'intri-

gue commune, & un mauvais dénouement.

ZAIRE, *Tragédie de M. de Voltaire.*
Jouée le 13 Août 1732. eut 30 repréfentations, & a été imprimée dans la même année *in-8°.* Piéce d'invention, eut
& a encore le plus grand fuccès. On la
regarde comme la plus intéreffante de
l'Auteur, & comme une des plus touchantes qu'il y ait au Théâtre. Le rôle
de *Zaïre* eft le triomphe de Mlle *Gauf-
fin* : elle eut 10 repréfentations jufqu'au
15 Septembre, & à fa reprife le 12 Novembre jufqu'au 11 Février elle en eut
encore 20 : en tout 30 repréfentations.

*ZELONIDE, Princesse de Sparte.
Tragédie de l'Abbé Geneft.* Donnée le
4 Février 1682. eut 17 repréfentations,
& a été imprimée dans la même année
in-12. Cette Piéce eft affez intéreffante,
mais mal conduite.

ZENEIDE , *Comédie en un Acte en*

Vers libres, *de M. de Cahuzac*. Miſe au Théâtre le 13 Mai 1743. eut 14 repréſentations , & a été imprimée en 1744 *in-*12. Piéce d'un genre particulier qui fit un très-grand plaiſir , qui eut beaucoup de ſuccès , & qui en a toujours eu aux repriſes. On ne peut que répéter ſur la maniere dont Mlle *Gauſſin* joua ſon rôle , ce qu'on a dit aux articles de l'ORACLE , de LA PUPILLE & de LA MAGIE DE L'AMOUR

LES AUTEURS VIVANS

en 1752.

Avec l'état de leurs Piéces conservées au Théâtre, selon les dates de leurs Représentations.

M. DE LA GRANGE-CHANCEL.

Oreste & Pilade.	1697
Athénaïs.	1699
Erigone.	1731

M. JOLYOT DE CREBILLON.

Idomenée.	1705
Atrée & Thyeste.	1707
Electre.	1708
Rhadamiste & Zenobie.	1711
Sémiramis.	1717
Catilina.	1748

M. NERICAULT DESTOUCHES.

Le Curieux impertinent.	1710

Brutus.	1730
Zaïre.	1732
L'Enfant Prodigue.	1736
Alzire.	1736
Mahomet.	1742
Merope.	1743
La Mort de Céfar.	1743
Semiramis.	1748
Nanine.	1749
Orefte.	1750
Rome fauvée.	1752

M. FUZELIER.

Momus Fabulifte.	1719

M. GAULTIER.

Bazile & Quitterie.	1723

M. BOISSY.

Le François à Londres.	1723
Le Babillard.	1725
Les Dehors Trompeurs.	1740

M. DE MARIVAUX.

La Surprife de l'Amour.	1727
Les Sermens indifcrets.	1731

Le Préjugé Vaincu.   1746

M. PIRON.

Les Fils Ingrats.   1728
Califtene.   1730
Les Courſes de Tempé.   1734
Guſtave.   1735
La Metromanie.   1738

M. DU VAURE.

Le Faux Sçavant.	*la même Co-*	⎧ 1728
L'Amour Précep-	*médie joüée*	⎱
teur.	*ſous deux ti-*	⎰
	tres.	⎩ 1749

M. FAGAND.

Le Rendez-vous.   1733
La Pupille.   1734
L'Amitié Rivale de l'Amour.   1735
Les Caracteres de Thalie.   1737

M. LE FRANC.

Didon.   1733

M. NIVELLE DE LA CHAUSSE'E.

La fauſſe Antipathie.   1734
Le Préjugé à la mode.   1735

L'Ecole des Amis.	1737
Maximien.	1738
Melanide.	1741
Amour pour Amour.	1742
L'Ecole des Meres.	1744
La Gouvernante.	1747

M. DE LA BRUERE.

Les Mécontens.	1734

M. L'ABBE' LE BLANC.

Abenſaïd.	1735

M. DE CAHUZAC.

Pharamond.	1736
Zenéide.	1743

M. DE LA NOUE.

Mahomet II.	1739

M. PESSELIER.

Eſope au Parnaſſe.	1739

M. GRESSET.

Edouard III.	1740
Le Méchant.	1747

M. DE SAINT-FOIX.

L'Oracle.	1740
Les Graces.	1744

Julie *ou* l'heureuse Epreuve.　　1746

M. DE LA PLACE.

Venise sauvée.　　1746

M. DE MAUGER.

Amestris.　　1747

M. ROUSSEAU, *de Toulouse.*

La Rivale Suivante.　　1747
La Ruse inutile.　　1749

M. BARAGUE'.

Aphos.　　1747

M. MARMONTEL.

Denys le Tyran.　　1748
Aristomene.　　1749
Cléopatre.　　1750

Madame DU BOCCAGE.

Les Amazones.　　1749

Madame DE GRAFFIGNY.

Cénie.　　1750

M. DESMAHIS.

L'Impertinent.　　1750

M. DE MOISSY.

Le Valet Maître.　　1751

M. *le Vicomte* DE GRAVE.

Varon.　　1751

Les

Les Acteurs actuellement au Théâ-
tre selon la date de leur début.

Messieurs

LE GRAND.	1710
LA THORILLIERE.	1722
POISSON.	1722
ARMAND.	1723
DUBREUIL.	1723
SARAZIN.	1729
GRANDVAL.	1729
DANGEVILLE.	1730
DUBOIS.	1736
BARON.	1741
BONNEVAL.	1741
PAULIN.	1741
LANOUE.	1742
DESCHAMPS.	1743

K

DROUIN.	1744
LE KAIN.	1750
BELLECOURT.	1750

Mesdemoiselles

LAMOTTE.	1722
DANGEVILLE.	1730
GAUSSIN.	1731
GRANDVAL.	1734
DUMESNIL.	1737
LAVOY.	1739
DROUIN-GAULTIER.	1742
CLAIRON.	1743
BEAUMENARD.	1749
BRILLANT.	1750

A l'essai.

GUEANT.	{ 1749 1751

PIECES * OUBLIE'ES.

M. D'AIGUEBERE.

L'Avare Amoureux.   1729

M. DE MARIVAUX.

Le Legs.   1736

M. GRESSET.

Sidney.   1745

M. YON.

La Metempsicose.   1752

M. MARMONTEL.

Les Héraclides.   1752

M DE VOLTAIRE.

Le Duc de Foix.   1752

---

* En cas qu'il se trouve d'autres Piéces omisesdans ce Répertoire, Messieurs les Auteurs doivent être bien persuadés que ce n'a pas été dans la vuë de les désobliger, & qu'au moment qu'ils le feront sçavoir, on rectifiera l'oubli à la premiere Edition.

LES DÉBUTANS

Pendant le cours de l'année 1752.

M. BOURG a débuté le 12 Avril par le Rôle de *Francaleu*, dans la *Métromanie*.

M. DENNETER E a débuté le 20 Avril par le Rôle d'*Orgon*, dans le *Tartuffe*.

M. ROUSSLET a débuté pour la seconde fois le 22 Juin par le Rôle d'*Auguste*, dans *Cinna*.

Mlle D'ANILO a débuté le 17 Juillet par le Rôle de *Phédre*, dans la Tragédie de ce nom.